北野幸作
Yoshinori Kitano

プーチンはすでに、戦略的には負けている

戦術的勝利が戦略的敗北に変わるとき

ワニ・プラス

はじめに

プーチンは戦略的に敗北している！

この一文を読んで、あなたは何を考えるでしょうか？

「いや、負けてないだろ！」

ロシア―ウクライナ戦争の状況を追っている人なら、そう考えるかもしれません。

これを書いている2024年1月時点でロシアは、2014年にウクライナから奪ったクリミア、2022年に強制併合したルガンスク州（全域）、ドネツク州、ザポリージャ州、ヘルソン州（それぞれ六〜八割程度）を支配しています。

それで、「ロシアは負けていない」と主張する人を理解することはできます。

しかし、私は意図的に「**戦略的に**」という言葉をつけました。

ただの「**敗北**」と「**戦略的敗北**」は、何が違うのでしょうか？

詳しくは本編でお話ししますが、ここではごく簡単な例を挙げておきましょう。

仲が悪いAさんとBさんをイメージしてください。

二人は、憎しみあっています。

ある日、AさんはBさんを不意打ちし、ボコボコにしました。

Bさんは、重傷を負いました。

Aさんは、Bさんに勝利しました。

ところがその後、勝利したはずのAさんに、ネガティブなことがさまざま起こってきます。

まず、Aさんは傷害罪で逮捕されました。

Aさんがしたことを知った取引先企業群は、「あなたの会社とはもう商売しない」と宣言します。

そして、ほとんどのお客さんは、「Aさんの会社の商品はもう買わない」と決意しました。

Bさんに勝利したと思ったAさんは、社会的信用を失い、一文無しになったのです。

はたしてAさんは、勝利したのでしょうか？


私は、「Bさんをボコボコにした」状態を「**戦術的勝利**」と呼んでいます。

その結果、Aさんは社会的信用を失って一文無しになった。

この状態を「**戦略的敗北**」と呼んでいます。

つまり、Aさんの**戦術的勝利が戦略的敗北の原因になった**のです。

私の言いたいことが、何となく理解できたと思います。

私は前々から、「**プーチンは戦術脳だ**」と書いてきました。

彼は、目先の敵をぶちのめすこと（戦術）には長けていますが、その後の結果についてあまり考えていない。

それで、彼がアクティブに動けば動くほど、ロシアは悲惨な状況に追い詰められていくのです。

日本も他人事《ひとごと》ではありません。

戦術的勝利が戦略的敗北の原因になったことがあるからです。

私たちは、「**戦略**」**と**「**戦術**」**の違いをはっきり知り、**「**戦略的**」**に動いていく**必要があります。

プーチンの例を見てもわかりますが、「**戦術脳**」**は破滅への道。**

「**戦略脳**」**は、成功、繁栄、幸せの基**です。

この本を読むことで皆さんが「**戦略脳**」を手に入れてくださることを、心から願っています。

●目次

第二章　プーチン神話の誕生　83

第五章 日本への教訓 253

第一章 戦略脳と戦術脳

●善悪論と勝敗論

本題に入る前に、まず「善悪論と勝敗論」についてお話しさせていただきます。

なぜでしょうか？

これをお話ししないと、私のことを**「自虐史観教信者」だと勘違いする人が出てくるから**です。

まず「**善悪論**」について考えてみましょう。

皆さん、戦争の話をするとき、「善悪論」で考えることが多いでしょう？

たとえば、ロシア―ウクライナ戦争。

「ロシアが悪い！」と言われます。

一方で、一部の人たちは「ウクライナと、その背後にいるアメリカが悪い！」と主張しています。

これは「善悪論」です。

日本についても、考えてみましょう。

「自虐史観」というのがあります。

たとえば、第二次世界大戦について「日本が全部悪い」という考え方です。

さらに、「日本人は悪い民族」などと言う人もいます。

一方、「脱自虐史観」もあります。

これは、「日本は悪くない」「日本人は悪い民族ではない」という主張。

「自虐史観」と「脱自虐史観」

内容は正反対ですが、**どちらも**「**善悪論**」という共通点があります。

そして、私は「**脱自虐史観**」です。

１９９９年にメルマガ「ロシア政治経済ジャーナル」を創刊したあと、一貫して「自虐史観は捨てましょう！」と書きつづけてきました。

日本は、世界一広大な植民地をつくったイギリスや、原爆を投下して民間人を大量虐殺したアメリカ、約六〇万人の日本人をシベリアに連れ去り、地獄の強制労働をさせた旧ソ連よりも悪い国？

どうしてそういう結論になるのか理解できません。


「善悪論」は、必要で大事です。

しかし私は、もう一つの視点から、戦争を見る必要があると考えています。

それが「**勝敗論**」です。

なぜでしょうか？

日本は、第二次世界大戦で完敗しました。

どうして日本は負けたのでしょうか？

「善悪論」の説明はシンプルです。

「日本は、悪い国だから負けたのだ」

「日本は悪いことをしたから、負けたのだ」

「日本人は、悪い民族だから負けたのだ」

皆さん、これらの説明で納得できるでしょうか？

いいえ、私はそう思いません。

ただ、これまで日本国民のほとんどが、これらの説明で納得していたのでしょう。

驚くべきことです。

しかし、冷静に考えてみましょう。

イギリスは、世界中に植民地をつくりました。

「善悪論」で考えれば、イギリスは悪であり、征服され植民地にされた国々は善です。

「善悪論」のロジックが事実であるなら、悪のイギリスはみじめに敗北し、植民地をつくることはできなかったはずです。

では、なぜ悪のイギリスが勝ち、何も悪いことをしていない国々は侵略に打ち勝てず、植民地にされたのでしょうか？

そう、「弱かったから」です。

つまり、私たちが信じてきた「日本は悪い国だから負けた」というのは、まったく普遍的な真実ではない。

「日本は悪いから負けたわけではない」のなら、なぜ負けたのでしょうか?

答えは、「負ける行動をしたから」です。

どんな?

その話は、あとでしましょう。

なぜ私は、「勝敗論でも見ましょう」と主張するのか。

善悪論では、日本が負けた理由を説明できないからです。

そして、日本が負けた理由をしっかり研究し、分析しなければ、**また敗北**ということになりかねません。

日本が負けたということは、「**負ける行動をした**」ということです。

「**間違った行動をした**」とも言えるでしょう。

私はこれから、「**日本はどこで間違った行動をしたのか?**」というお話をしていきます。

だからといって私は「自虐史観教」の信者ではない。

このことを、まず知っておいてほしいのです。

私の願いは、**日本が戦勝国になることです**。

●戦略と戦術の違いを知ろう

次に、「**戦略と戦術の違い**」についてお話しさせていただきます。
ご存じの方も多いと思いますが、念のため。
「戦略とは何ですか？」と聞かれたら、皆さんはどう答えるでしょうか？

戦略＝戦争に勝つ方法

のことです。
では、戦術とは、何でしょうか？

戦術＝戦闘に勝つ方法

です。
「何が違うかわからない」という人はいるでしょうか？
わかりやすくするために、日露戦争を例に挙げてみましょう。

「**どうすれば、ロシアとの戦争に勝てるか**」を考えることを「**戦略を立てる**」といいます。

日露戦争にも、いろいろな戦いがありました。

黄海海戦《こうかいかいせん》、遼陽《りょうよう》会戦、旅順《りょじゅん》攻囲戦、奉天《ほうてん》会戦、日本海海戦、樺太《からふと》攻略戦など。

たとえば日本軍が、「どうすれば奉天会戦で勝てるか」を考えることを「作戦を立てる」といいます。

さて、作戦を実施する際、当然日本軍とロシア軍の戦闘が起こってきます。

作戦遂行時の「**戦闘に勝つ方法**」を考えることを「**戦術を立てる**」といいます。

ここまでまとめると、たとえば、

- **日露戦争に勝つ方法＝戦略**
- **奉天会戦に勝つ方法＝作戦**
- **奉天会戦で起こる戦闘に勝つ方法＝戦術**

となります。

戦略は、戦術よりも広く大局的な概念であることがわかります。

さらに戦略は、「**大戦略**」と「**軍事戦略**」に分けることができます。

「軍事戦略」は、「**軍隊で勝つ方法**」であることはわかるでしょう。

では、「大戦略」とは何でしょうか？

この段階では、軍隊以外にも、政治、外交、経済、情報などが関わってきます。

たとえば日露戦争。

世界中で日本が勝つと予想できた人はいなかったでしょう。

ところが、結果は日本が勝った。

もちろん、日本軍が勇敢に戦ったことが一番の理由です。

しかし、ほかにも勝利できた重要なファクターがありました。

そう、覇権国家イギリスとの同盟です（日英同盟）。

さらに、アメリカは日本に軍資金を提供してくれました。

日本の大戦略は、「**世界の二大国イギリスとアメリカを味方につけて、ロシアとの戦争に勝つ**」ということでしょう。

実際、同盟国イギリスは、大いに日本を助けてくれました。

具体的には、

・他の大国――具体的にはフランスやドイツが、ロシア側に立って戦わないように牽制《けんせい》してくれた。
・戦費の調達を助けてくれた。
・軍事情報を提供してくれた。
・情報戦において、国際世論が日本に協力するよう誘導してくれた。

・ロシアが「軍艦を購入しようとしている」情報があれば、イギリスが先回りして購入。ロシアが軍艦を買えないようにしてくれた。
・バルチック艦隊が来られないよう、足止めしてくれた、などなど。

●戦略は戦後のことまで考える

さて、戦略と戦術について、もう少し考えてみましょう。

私が非常に尊敬する天才地政学者、戦略家である奥山真司先生が、その名著『世界を変えたいなら一度〝武器〟を捨ててしまおう』（フォレスト出版）の中で、興味深いことを書いておられます。

〈一発勝負の局地戦で相手に勝つために使われるのが「戦術」で、もっと長い期間にわたって相手より自分の優位を確保するために大規模なレベルで使われるのが「戦略」と言い換えてもいいかもしれません。〉（83頁）

とても重要なことが書かれています。

「**戦術**」は、〈一発勝負の局地戦で相手に勝つために使われる〉とあります。

要は、「**目先の戦闘に勝つ方法**」**が**「**戦術**」である。

一方、「**戦略**」は、〈**長い期間にわたって相手より自分の優位を確保するため**〉の方法。

奥山先生は、「戦略」の解説を続けます。

〈このように規模が大きくなったレベルでは、単に戦争に勝利するよりも、**勝利を収めた先のことまで考えて、自分の優位の維持を狙わなければならない**ということになります。戦争で考えると、戦時で勝つだけでなく、その先の平時というか、**平和になったあとでも勝ち続ける状態を維持できるような状況を作らないといけない**のです。〉（前掲書　83頁、太字は引用者による〔以下同〕）

つまり、「戦略」レベルでは、「戦争に勝つ」だけでなく、「**勝ったあとも相手より有利でいつづけること**」まで考えている。

この部分、あとの話でとても重要になってきます。

是非覚えておいてください。

●戦術的勝利が戦略的勝利につながるとは限らない

ここから、重要な話に入っていきます。

「戦略」は「戦争に勝つ方法」でした。

「戦略的勝利」といえば、「戦争に勝った」という意味になります。

「戦術」は「戦闘に勝つ方法」でした。

ですから、「戦術的勝利」は、「戦闘に勝った」という意味であり、「戦争に勝った」という意味ではありません。当たり前のことですが……。

では、「戦術的勝利」は「戦略的勝利」につながるのでしょうか？

しばしばそうです。

しかし、必ずしもそうとは限りません。

逆に、「**戦術的勝利が戦略的敗北につながる**」ケースもある。

例を挙げましょう。

●真珠湾での戦術的大勝利が、第二次世界大戦最大の敗因だった！

日本人にわかりやすい例を挙げましょう。

「**真珠湾攻撃の戦術的大勝利が、第二次世界大戦最大の敗因だった！**」

と言われたら、信じることができるでしょうか？

順番にお話ししていきましょう。

日露戦争後、日本とアメリカは、満洲をめぐって対立していました。

日露戦争時、アメリカは日本に軍資金を出し、日露の講和を仲介した。

要するに、日本を助けた。

それでアメリカは、「戦後は満洲に進出できる」と考えていた。

ところが、日本は、アメリカが満洲に入ることを拒否しました。

鉄道王ハリマンは日露戦争時、大量に戦時公債を購入し、日本を支援した人物です。

彼は戦後、南満洲鉄道の共同経営を、日本政府に提案しました。

１９０５年10月、この件に関する「桂（太郎首相）・ハリマン仮協定」が結ばれています。

しかし、小村寿太郎外務大臣がこれに反対し、協定は破棄されたのです。

この件について、故渡部昇一先生は「テンミニッツＴＶ」（２０１５年2月2日収録）で、以下のように語っておられます。


〈ハリマンは日本で桂首相と仮協定を結び、喜び勇んでアメリカに帰国したが、そこで待っていたのは「協定は破棄する」という通知であった。ハリマンが怒りに燃えただろうことは、想像に難くない。

あのとき米資本家のハリマンと手を結び、南満洲鉄道を共同経営していたら、その後の歴史は大きく変わっていただろう。満洲問題も、そしてアメリカの排日移民政策も。

というのも、ハリマンは当時アメリカ国内でも有数の実力者だったからである。彼が帰国してまもなくサンフランシスコで日本人学童隔離問題（明治39〔1906〕年）が起きている。もし、ハリマンが日本との共同事業を進めていれば、その後、あのように最悪のかたちで日本人移民が排斥されることはなかった可能性もある。〉

渡部昇一先生によると、日本が「桂・ハリマン仮協定」を破棄したことが、その後起こってくるさまざまな悲劇の遠因となったのです。

ところで、小村寿太郎は、なぜアメリカとの南満洲鉄道の共同経営に反対したのでしょうか？

〈小村の言い分は「満洲の権益は日本軍が血を流して得たものだ。それをアメリカと一緒にやる必要はない」ということで、誰も当時反対できない議論だった。それにみんな屈したのだ。〉（同前）

小村寿太郎のロジックは、理解できます。

そして、南満洲鉄道の利権を独占できたことは、日本の「勝利」と言えるでしょう。

しかし、のちの歴史を見れば、それが「**戦術的勝利**」であったことは明らかです。

渡部先生が指摘されておられるように、このあと日米関係は悪化しつづけ、日本が負ける戦争に向から遠因になったからです。

つまり、「**戦術的勝利が戦略的敗北につながった例**」とも言えるでしょう。


話は1930年代まで飛びます。

1931年、満洲事変が起こりました。

1932年、満洲国が建国された。

満洲を自国領と考える中国側は不満で、国際連盟に提訴。

国際連盟は、イギリス人リットン伯爵を団長とする調査団を派遣します。

リットン調査団は以下のような結論を出しました。
1．満洲国の承認はできない。
2．満洲には中国主権下の自治政府を樹立する。
3．日本の特殊権益を認める。
1933年2月、リットン調査団の報告を基に作られた勧告案は、国際連盟総会で採決されました。

結果は「賛成」42、「反対」1（日本）、「棄権」1（シャム＝いまのタイ）。

日本はこの決定に不満で、国際連盟を脱退しました。

そして1937年、北京郊外で起こった盧溝橋《ろこうきょう》事件から、日中戦争が起こります。

問題は、欧米やソ連の動きです。

ソ連は、反日です。

そもそも、なぜ日本は満洲に進出したのでしょうか？

そう、ロシア帝国やソ連の南下を防ぐためです。

当然、南下したいソ連は不満で、必然的に中国を助けることになります。

アメリカは、どうでしょうか？

日露戦争時、アメリカは日本を支援したものの、満洲利権に入り込むことを拒否された。

以後、アメリカはほぼ一貫して反日で、中国側に立っています。

イギリスは、どうでしょうか？

1902年、日英同盟が成立した。

そして1904〜1905年の日露戦争時、イギリスは日本を支援しました。

1914年、第一次世界大戦が勃発。

日本は、同盟国イギリスを支援するために、地中海に艦隊を派遣し、大いに貢献しました。

しかし、陸軍派兵の要求は、最後まで拒否しつづけたのです。

イギリスは、同盟国日本に失望しました。

第一次世界大戦時、駐日大使だったウィリアム・C・グリーンは言います。

〈戦争が勃発しわれわれが手一杯の時に、わが同盟国にいかに失望したかを語る必要はないであろう。任期中に加藤高明、本野一郎、後藤新平、石井菊次郎の四人の外務大臣に接したが、イギリスの協力要請に対する反応は常に同一態度、すなわち、直ちに拒否するか、後程回答すると述べて拒否するか、未だ考慮中と述べて時間切れを待って拒否するかの何れかであった。〉(『日英同盟』平間洋一著　角川文庫　151頁)

この不義理が原因で、日英同盟は1923年に解消されました。

日本に恨みをもつイギリスは、日中戦争では中国側についていています。

1937年に日中戦争が始まったとき、日本が戦っていた相手は事実上**中国、アメリカ、イギリス、ソ連**だったのです。

●援蔣ルートつぶしから真珠湾攻撃へ

欧米とソ連は、三つのルートから、中国を支援していました。

仏印(フランス領インドシナ)ルート、ビルマルート、ソ連ルート。

これを日本は当時、「蔣介石《しょうかいせき》を援助するルート」という意味で「援蔣ルート」と呼んでいました。

日本としては、「援蔣ルート」をカットしなければ、「らちが明かない」ということでしょう。

それで、1940年9月北部仏印に、1941年7月南部仏印に軍を進駐させることにしました。

アメリカは、日本のこの行動に激怒。

1941年8月、日本への石油輸出禁止措置を決めます。

ちなみに、日本は当時、石油の92％を輸入に頼っていました。

そのうち81％をアメリカから輸入していた。

これを止められたことは、日本には死活問題でした。

それにしても、米英が蔣介石を支援するルートをカットするために日本軍を進駐させれば、石油輸出を止められることを予想できなかったのでしょうか？

当時の近衛文麿《このえふみまろ》首相は、アメリカのこのようなリアクションを「まったく予想していなかった」ことがわかります。

幣原喜重郎《しではらきじゅうろう》元外務大臣（戦後、総理大臣）は、その著書『外交五十年』（中公文庫）の中で、当時の近衛文麿について語っています。

1941年の夏、幣原は近衛首相から面会を求められました。

明治神宮の近くで会うと近衛は、「いよいよ仏印の南部に兵を送ることにしました」と言います。

それを聞いた幣原は、

〈「そうですか。それならば私はあなたに断言します。これは大きな戦争になります」と私がいうと、公は、「そんなことになりますか」と、目を白黒させる。

（中略）

じっと聞いていた近衛公は顔面やや蒼白になり、「何か他に（引用者注：軍を引きかえさせる以外に）方法がないでしょうか」という。

「それ以外に方法はありません。この際思い切って、もう一度勅許を得て兵を引き返す他に方法はありません。

それはあなたの面子にかかわるか、軍隊の面子にかかわるか知らないが、もう面子だけの問題じゃありません」と私は断言したのであった。

（中略）

こうして私が予言した通り、仏印進駐がきっかけとなって、とうとう大戦に突入してしまった。〉

ここからわかるのは、近衛文麿は、南部仏印への進駐が原因で、アメリカが石油輸出を止めるとは、まったく予想していなかったということです。

そして、幣原のアドバイスで顔面蒼白になりながらも、軍を引きかえさせることはしませんでした。

石油が入らなかった日本では、「このままではジリ貧になっていく。自滅する前にアメリカと一戦して、早期に講和にもち込もう」という方針に向かっていきます。

日本国内の石油備蓄は、平時なら3年、戦時では1年半分しかありませんでした。

それで1941年12月8日、真珠湾攻撃をすることになったのです。

もちろん、1941年11月26日に出された「ハルノート」が「決定打」だったことは間違いありません。

「ハルノート」には、

・日本軍は、中国、仏印から全面撤兵すること
・蔣介石政権以外の政権を認めないこと（日本は当時、南京に傀儡《かいらい》・汪兆銘《おうちょうめい》政権をつくり、支持していました）
・日独伊三国軍事同盟を破棄すること

などが含まれていました。

とはいえ、アメリカが石油禁輸措置をしたあと、日本では「アメリカとの戦争やむなし」との機運が高まり、やがて決定的になっていったのです。

●真珠湾攻撃から日米開戦へ

1941年12月8日、日本軍は真珠湾を攻撃。

これは、日本の「**戦術的大勝利**」でした。

アメリカ側の損害は、戦艦4隻沈没、戦艦1隻座礁、戦艦3隻損傷、軽巡洋艦3隻損傷、駆逐艦3隻座礁、標的艦1隻沈没、航空機損失188機など。戦死者は2334名、民間人犠牲者は68名でした。

一方、日本側の損失は、特殊潜航艇4隻沈没、特殊潜航艇1隻座礁、航空機損失29機など。戦死者は64名でした。

真珠湾攻撃についてマッカーサーは、自身の回想記でこう記しています。

〈真珠湾はアメリカが太平洋にもっていた最も強力な軍事基地だった。基地の防衛陣は高射砲陣地、アメリカの持つ最も優秀な航空機、それに高度に防備された飛行場と警報設備を備え、さらにアメリカ太平洋艦隊に守られ、当時私がもっていた不完全な陸海空の間に合わせ部隊に比べれば、お話にならないほど強力なものだった。

従って、ワシントンから（真珠湾攻撃について）電話を聞いたときに私がまず感じたことは、日本軍部隊はおそらく手厳しい敗北を喫したに違いないということだった。私がアメリカ側の大損害を知ったのは、それからだいぶ経ってからのことであり、私は日本軍がハワイ攻撃に成功したことを聞いて驚愕した。〉

とはいえ、ここまで読まれた皆さんは、私がわざわざ〝**戦術的**〟大勝利と書いたことに気づかれているでしょう。

そう、この**戦術的大勝利が、戦略的敗北につながっていく**のです。

どういうことでしょうか?

1939年9月、欧州では第二次世界大戦が勃発しています。

しかし、アメリカ政府は、基本的に介入しない姿勢をとっていました。

アメリカ国民は、第一次世界大戦に参戦したことを後悔していて、「欧州の戦争に関わりたくない」と考えていたからです。

そしてその世論を受け、F・ルーズベルトは、「戦争はしない」という公約を掲げていました。

ところが、日本軍がアメリカを攻撃した。

このことは、じつは参戦を望んでいたルーズベルトを大いに助けることになりました。

ルーズベルトは真珠湾攻撃の翌日、演説を行いました。

一部抜粋してみましょう。

〈昨日、1941年12月7日、将来、**恥辱として記憶に刻まれるであろう日**、アメリカ合衆国は、大日本帝国海空軍から突然かつ準備周到な攻撃を受けました。〉

続いてルーズベルトは、「石油禁輸措置」「ハルノートの内容」などには触れず、「アメリカは平和を望んでいたが、狡猾な日本がだまし討ちをしたのだ」と強調します。

〈アメリカ合衆国は、かの国とは平和的な関係を維持しており、また、日本側の求めに応じて、太平洋における平和を維持するため、日本政府や天皇との協議を続けているところでした。

日本の航空隊がオアフ島に爆撃を開始して1時間経過した頃、駐米日本大使とその同僚が最近のアメリカのメッセージに対する公式回答を国務長官に提出してきましたが、その回答には、現在の外交交渉を続けても無意味に思える、という記述はあったものの、戦争や軍事攻撃につながる如何なる警告や兆候も含まれてはいませんでした。

日本からハワイまでの距離を考えれば、この攻撃が、何日も、あるいは、何週間も前から周到に計画されたものであることは明らかです。その間、日本政府は、平和の継続を願うという偽りの声明と言辞を使って、**アメリカ合衆国を欺こうと努めてきたのであります。**〉（同前）

〈我々すべての国民は、我々に加えられた熾烈な攻撃がいかなる性格のものであったか、決して忘れることはないでしょう。そして、国民は、このあらかじめ計画された侵略に打ち克つために どんなに長くかかろうとも、その正義の力で必ずや完全な勝利を摑み取ることでしょう。〉（同

前）

〈戦いは既に始まっています。我々の国民、我々の領土、我々の利益が重大な危機に立たされているという事実を看過できません。我々の軍の力への信頼と、我々国民の不退転の決意をもって、我々は必ずや勝利を勝ち取るでしょう。神に誓って。〉（同前）

ちなみにアメリカ側が「真珠湾攻撃」を事前に知らなかったというのは嘘です。

これを聞いて、「北野はトンデモ陰謀論者だ！」と思った人もいるでしょう。

しかし、証拠もあります。

１９４３年に出版された『真珠湾』という本です。

この本は最近、ダイレクト出版から復刊されています。

著者は、真珠湾攻撃時ハワイに住んでいたブレーク・クラーク。

彼は、現地で真珠湾攻撃を目撃したのです。

この本の巻末には、アメリカ政府が真珠湾攻撃に関する調査を行った１９４２年1月23日の「ロバーツ報告書」の訳文が掲載されています。

この報告書は、当時の国務長官、陸軍大臣、海軍大臣、陸軍参謀総長、海軍作戦部長は、それぞれ適切に責務を遂行しており、真珠湾攻撃敗北の責任はないと結論づけています。

一方、ハワイ地区の二人の責任者は、責務を十分に果たさなかったと批判されています。一部引用すると、

〈両長官は、十一月二十七日およびそれ以後において接受せる警告、命令について相互に協議することもせず、諸計画を非常事態に対応せしめて実行に移すこともしなかった。〉


これは、何でしょうか？

この報告書には、ハワイの二人の責任者が、１９４１年11月27日以降、日本の攻撃に「備えよ！」と命令を受けていたことが記されています。

では、１９４１年11月27日に何が起こったのでしょうか？

その前日の現地時間11月26日に、「ハルノート」が日本側に手渡されたのです。

それでアメリカ政府、軍の高官たちは、「これらの要求を、日本は受け入れることはできないだろう。日本は、アメリカを攻撃してくるだろう」と予測できたというか、そういう方向に誘導した。

ところが、実際に真珠湾攻撃が起こるとアメリカ政府は、「狡猾なジャップが、何の罪もないアメリカを、唐突に攻撃してきた！　リメンバー・パールハーバー！」と国民の愛国心に火をつけ、国を一つにまとめることに成功した。

情報戦としては、完璧です。

ここまでの話、信じられない人もいるかと思います。

是非ご自身で復刻版『真珠湾』を入手し、「ロバーツ報告書」を読んでみてください。

アメリカが「真珠湾攻撃を知っていた」ことがわかって仰天するでしょう。


何はともあれ、真珠湾攻撃により、アメリカ国民は激怒。

自国を攻撃され、二〇〇〇名以上も犠牲者が出た。

アメリカ国民からすれば、この戦争は「自衛戦争」で「絶対正義の聖戦」です。

１９４１年12月11日、日本の軍事同盟国ドイツとイタリアは、アメリカに宣戦布告。

こうしてルーズベルトは、日本、ドイツ、イタリアと戦えるようになったのです。

イギリスの首相チャーチルは、日本の真珠湾攻撃とアメリカ参戦のニュースを大いに喜びました。

その回顧録には、
〈ついにアメリカがその死に至るまで戦争に突入したのだ。これで**我々は戦争に勝った**。イギリスと大英帝国は滅亡を免れたのだ。ヒトラーの運命は決まった。ムッソリーニの運命も決まった。**日本人にいたっては粉微塵《こなみじん》に粉砕されるだろう**〉（ルビは引用者による）

と記されています。

そして、チャーチルの「大戦略観」は極めて正確でした。

残念ながら、日本は真珠湾攻撃をした時点で「敗北が決まった」と言えるでしょう。

まさしく、**真珠湾攻撃の「戦術的大勝利」が、第二次世界大戦の「戦略的敗北」をもたらした**のです。

「では、日本はどうすればよかったのですか？　代案を示さず批判するだけなら誰でもできます」と考える人もいるでしょう。

「ほかの道」はあったのでしょうか？

●日米戦争を回避する方法は存在した

真珠湾攻撃をせず、石油を確保し、日米開戦を回避する。

そんな「**夢のような方法**」はあったのでしょうか？

私は、「あった」と思います。

具体的な方法は、以下のとおりです。

・東南アジア（具体的にはオランダ領インドネシア）を攻めて油田を確保する。

・これで、石油問題は解決する。
・真珠湾攻撃はしない。
・ルーズベルトは、「戦争はしない」という公約を掲げているので、「真珠湾攻撃」のような「アメリカへの直接攻撃」がなければ参戦できなかった。

検証してみましょう。

まず、石油について。

日本が、アメリカとの戦争を覚悟したのは、1941年8月に石油を止められたからです。

別の言葉で言えば、「石油問題を解決できれば、アメリカと戦争しなくてもよかった」ことになる。

日本は1941年12月8日に真珠湾攻撃をしました。

その後日本は1942年2月、オランダ領インドネシア、スマトラ島を占領します。

続いて、同じくオランダ領インドネシア、ジャワ島、ボルネオ島を占領。

油田を確保するためでした。

独立行政法人、石油天然ガス・金属鉱物資源機構（JOGMEC）特命参与の岩間《いわま》敏《さとし》さんは、レポート「戦争と石油（1）太平洋戦争編」でこう書いています。

〈陸軍はスマトラのパレンバン周辺の油田を手中に収めた。同油田群（リマウ油田、アバブ油田、ダワス油田、ジャンビ油田）は、戦前の南方油田地帯を代表するもので、生産量年４７０万キロリットル（約８・１万バレル／日）や《原文ママ》パレンバン近接のムシ河支流、コメリン河を挟んだブラジュー製油所（シェル系：日本接収後第１製油所、日石隊担当）、スンゲイゲロン製油所（米スタンダード石油系：日本接収後第２製油所、三菱石油隊担当）などの大規模製油所（合計８万バレル／日）があった。

昭和16年当時の日本国内の合計精製能力が８・９万バレル／日であったから、その規模の大きさが分かる。蘭印（インドネシア）の昭和15年の原油生産量は17・８万バレル／日、精製量は17・５万バレル／日であった。〉

じつを言うと、**これで「石油問題」は解決されたのです**。

インドネシアは「オランダ領」だったので、日本はオランダとは戦争になります。

ところがそのオランダは、１９４０年５月時点で、ナチスドイツに敗れている。

だから、オランダは、インドネシアを占領した日本に対してどうすることもできません。

問題はアメリカです。

日本がオランダ領インドネシアを占領したら、アメリカは、日本と戦争をするでしょうか？

元外務省国際情報局長の孫崎享《まごさきうける》氏は、その著書『日米開戦の正体』（祥伝社）の中で、書いています。

〈米国は石油の全面禁輸を行い、これで日米開戦に消極的だった海軍も開戦に踏み切ります。このとき、**日本軍が真珠湾攻撃を避けていれば、逆に米国は窮地に追い込まれていました。**〉（57頁）

〈米国は窮地に追い込まれていました。〉とは、どういう意味でしょうか？

「**日本と戦争できなかった**」という意味です。

〈戦争開始時、国務次官補だったディーン・アチソン（後、一九四九年に国務長官）は『アチソン回顧録』で次のように記述しています。

「アメリカ国民と政府とが忍び得ず、また許そうとしなかった一つの方向は、アメリカ領土とアメリカ艦隊に対する攻撃であった。その結果が戦争であることは必然であった。〉（前掲書 57頁）

つまり、アチソン国務次官補は別の言葉で、「**日本がアメリカ領土とアメリカ艦隊を攻撃しなければ、戦争は始められなかった**」と言っているのです。

さらにアチソンは、ご丁寧に、1941年8月以降、日本はどうすべきだったかを書いています。

〈東條大将政府にとって（略）より賢明であり、より安全な路線は、オランダ側に加える圧迫によってインドネシアの石油を獲得する動きであり、必要であれば、日本が使嗾《しそう》して支持するインドネシア革命によってオランダ人を駆逐することであったろう。

ワシントンにおいては、内閣と陸海軍はみな、予期される南方進出にいかに対処すべきかについて意見が分かれていた。（中略）

世論調査は、議会または一般大衆が、南太平洋における外国の植民領土を防守するための戦争を支持するかどうか疑わしいとし、いかなる支持も一致したものではたしかにないだろうと報告した〉（前掲書　58頁）

ここでアチソンは、「**日本がオランダ領インドネシアの石油を確保しても、アメリカは戦争に**

踏み切れなかった」との見通しを語っています。

ところが日本は、愚かにも、「まったく不必要だった」「真珠湾攻撃」を行った。

この件についてアチソンは、どう考えているのでしょうか？


〈「これ以上の愚策は想像もできなかった」〉（前掲書　58頁）

別の言葉で、アチソンは、「日本がこんなバカなことをするとは、夢にも思わなかった」と。

私たちは、「自虐史観のもち主」ではありません。

しかし、「善悪論」ではなく、「勝敗論」で考えようと主張しています。

「**勝敗論**」**で考えれば、真珠湾攻撃は、まったく必要のない攻撃でした。**

石油を止められた――「**では、オランダ領インドネシアの油田をおさえよう**」

これで問題は解決します。


じつを言うと、日本軍の中にも、そのことを理解していた人はいたのです。

末次信正海軍大将は、その著書『日本とナチス独逸《どいつ》』（１９４０年刊）の中で、以下のように記しています。

〈固より、足りない物資もいろいろあるが、煎じつめれば、問題は油の一点に帰する。〉（『日本とナチス独逸』〔復刻版〕末次信正著　ダイレクト出版　89頁）

ここで、末次大将は、「石油が唯一最大の問題だ」と言っています。

〈なるほど油は足りない。そこでアメリカに頭を下げなければならないわけであるが、何時までも平身低頭して、アメリカから油を買わなければ、起ち上れない日本であろうか。〉（前掲書　89～90頁）

末次大将は、「石油がないから日本はアメリカに頭が上がらない」と主張しています。

では、解決方法はあるのでしょうか？

〈それではいかにすればいいか。それには東亜の自給経済圏の確立、政府が言うところの大東亜の共栄圏の確立をなす以外にはない。アメリカが油を売らないなら、嫌《ママ》が応でも生きて行く上からは、その必要な油を手に入れなければならぬ。〉（前掲書　90頁）

どうすれば手に入れることができるのでしょうか？

〈その油は、蘭領インドにある。これが十分に使えるなら問題はない。何故にそれが使えないのか。要するに日本の決意一つの問題ではあるまいか。〉（前掲書　90頁）

そうです。

日本軍は、アメリカの真珠湾を攻撃することなく、オランダ領インドネシアを攻撃し、油田を確保するだけで良かった。

このことを、末次海軍大将は知っていたのです。

実際、日本軍は、真珠湾攻撃の直後、即座にインドネシアの油田をおさえ、石油問題を解決することに成功したのですから。

真珠湾攻撃をやめ、直接インドネシアの油田をおさえたら、どうなっていたでしょうか？

ルーズベルトは開戦の口実を見つけられず、日米戦争は回避された可能性が高い。

日米戦争が回避されれば、日本は敗戦国にならなかったでしょう。

欧州戦線では、イギリスとソ連がナチスドイツと戦うことになります。

アメリカがナチスドイツとの戦争に突入したのは、ドイツの同盟国日本の「真珠湾攻撃」がきっかけです。「真珠湾攻撃」がなければ、アメリカはドイツとの戦争にも参戦できません。

とはいえ、アメリカは、イギリスとソ連を全力で支援したでしょうから、ナチスドイツは最終的に敗北したでしょう。

しかし、イギリスとソ連の損失は、アメリカが参戦した場合と比べればとても大きかったでしょう。

ソ連が著しく弱体化すれば、東欧、中国、北朝鮮が共産化することはなかったかもしれません。

「戦術的大勝利が戦略的敗北をもたらした例」を挙げました。

何となく、私の言おうとしていることが、ご理解いただけたと思います。

●ドイツ人の怒りと憎しみから現れたヒトラー

「戦術的勝利が戦略的敗北をもたらす」――もう一つ、例を見てみましょう。

ヒトラーについてです。

まず、基本的なところから。

アドルフ・ヒトラーは１８８９年４月20日、オーストリアのブラウナウに生まれました。

そして、１９４５年４月30日、ベルリンで自殺しています。享年56歳。

ヒトラーといえば、「反ユダヤ主義」――ユダヤ人を大量虐殺したことで知られています。

なぜ、彼のような男が、ドイツで政権を取ることができたのでしょうか？

その背景には、ドイツ人が抱いた「憎しみ」がありました。

「憎しみ」とは、過酷なヴェルサイユ条約の存在です。

ヴェルサイユ条約とは、1919年6月に締結された第一次世界大戦の講和条約。

内容は、以下のようなものでした。

・ドイツは多くの領土を失った（とくに資源産出地帯が割譲された）。
・「ドイツの植民地はすべて放棄」と定められた。
・ドイツの軍備に厳しい制限が課せられた。
・莫大な賠償金（ヴェルサイユ条約では決まりませんでしたが、のちに1320億マルクと定められました。これは国民総所得の2・5倍。いまの日本に譬《たと》えれば、約1250兆円）。

「過酷な条件を押しつけられた」ということで、ドイツ人の第一次世界大戦戦勝国（アメリカ、イギリス、フランスなど）への憎悪は増していったのです。

そして、1929年に起こった「世界恐慌」が、ただでさえ苦しかったドイツ国民にダメ押しの打撃を与えます。

「もう耐えられない！」

たまりにたまったドイツ国民の怒りと憎しみのなかから登場したのが、ヒトラーでした。


ヒトラーは、どんな経歴の男なのでしょうか?

既述のように1889年4月20日、オーストリアに生まれました。

1919年、30歳のとき、ドイツ労働者党に入ります。

ドイツ労働者党は、反ユダヤ主義、反資本主義の政党。

1920年、「国家社会主義ドイツ労働者党」(=ナチス)設立。

1921年、ヒトラーは第一議長になりました。

1923年、ヒトラーは、ミュンヘン一揆を起こします。

この一揆の理由は、1923年1月、フランス・ベルギー両軍が、「賠償金支払い遅延」を理由に、ドイツの重要な工業地域「ルール地方」を占領したことでした。

ヒトラーは一揆の首謀者として逮捕されています(1923年11月)。

1924年4月、収監されました。

刑務所の中で『わが闘争』の執筆を開始。

1924年12月、釈放されました。

1929年、ヒトラー40歳。

世界恐慌が勃発します。

ドイツも非常に大きな打撃を受けました。

しかし、それがナチスには有利に働きます。

1930年、議会選挙で、ナチスは18％を獲得し、第二党に。

1932年、ヒトラーは大統領選に立候補。決戦投票では、得票率36％で2位に。

同年の議会選挙では、ナチスが得票率37・8％で、第一党に躍進。

1933年1月、ヒトラー（44歳）首相に就任（大統領はヒンデンブルグ）。

同年7月、ナチス以外の政党を禁止。

1934年、ヒンデンブルグ大統領死去。

ヒトラーは、首相兼大統領になります。

しかし、「大統領」の名称を廃止し、「総統」と呼ばれることになりました。

●ヒトラー、奇跡の経済改革

世界は、1929年の世界恐慌の影響を引きずっていました。

ヒトラーが首相になる前、ドイツの失業率は40％でした。

しかし、ヒトラーは、ドイツ経済を見事に復活させています。

政策は「ケインズ的」――つまり、財政支出増大により、有効需要（投資と消費）を増やしたのです。

ヒトラーは、アウトバーン（高速道路）建設を積極的に行いました。

これは、大規模公共事業です。

彼は「一家に一台自動車を」とのスローガンを掲げ、自動車やオートバイ購入は免税としました。


住宅補修や改修に資金援助もしました。

ヒトラーは、増税を否定し、法人税減税を実施。

また、結婚奨励金、家事手伝い奨励で、女性が家庭に入る措置が取られました。

結果、女性は労働市場から激減し、失業者が減ったのです。

1935年、ヒトラーは「ドイツ再軍備宣言」をし、徴兵制を復活させます。

これで、国防軍に八六万人が吸収されました。

1935年、ドイツは「完全雇用」を達成。

1936年、ドイツの国民総生産は、1932年比で何と50％も増加したのです。

●ヒトラーの戦術的大勝利

ヒトラーには、次のような目標がありました。

・ドイツ再統一（第一次世界大戦の結果、ドイツはバラバラになりました）。

・ソ連の資源を確保すること。
・ソ連共産主義を根絶すること。

この「ソ連共産主義を根絶する」という目標に関して、西欧は当初、ヒトラーのドイツを「反共の砦《とりで》」と見なしていました。それで、ドイツの再軍備は、抵抗なく進んでいったのです。

1936年、日独防共協定。

共通の敵は、共産ソ連でした。

1937年、日独伊防共協定＝三国協定。

ここでも、敵は共産ソ連です。

1938年、オーストリア併合。

何と、オーストリア国民は、これを歓迎しました。

「ヒトラーなら経済を復興させてくれる」と期待したからです。

そして、実際ヒトラーは、オーストリア経済に奇跡を起こしました。

1937年のオーストリアの失業率は21・7％でしたが、2年間で3・2％まで減少したのです。

続いて**1938年、チェコスロバキアでドイツ系住民が多いズデーデン地方を併合。**

これは、イギリス、フランス、イタリアの許可（ミュンヘン協定）を得て行われました。

1939年3月、ドイツはチェコを併合。

ドイツはポーランドにダンツィヒ返還、ポーランド回廊（元ドイツ領）の通過を求めますが、ポーランドは拒否。

1939年8月、独ソ不可侵条約を締結。

これは何でしょうか？

ヒトラーは、ポーランド侵攻を企てていました。

その際、西でイギリス、アメリカがドイツに宣戦布告し、東でソ連が反ドイツで参戦すると「二正面作戦」を強いられます。

これを回避するために、ヒトラーはスターリンと組んだのです。

じつに**戦略的決断**です。

一方、スターリンは、ドイツと米英が戦い、双方ともに弱体化することを願っています。

そしてこの条約では、ドイツとソ連が、東欧を分割統治することが定められていました。

1939年9月1日、ドイツはポーランドに侵攻。

イギリス・フランスは、ポーランドの同盟国であったため、ドイツに宣戦布告。**第二次世界大戦が始まったのです。**

ここから、**ヒトラーの**「**戦術的大勝利**」が続きます。

1939年10月、ドイツはポーランドを制圧。

1940年4月、デンマーク、ノルウェーに侵攻。

1940年5月、強硬派チャーチルがイギリス首相になり、本格的な戦闘が始まりました。

1940年5月、ドイツはフランスに侵攻。6月、フランス降伏。

ヒトラーが、大国フランスをわずか1ヶ月で降伏させたことは、世界を震撼させました。

このドイツの**「戦術的大勝利」が、日本の判断を狂わせました。**

そう、日本は、「ドイツがこの戦争に勝つだろう」と勘違いしたのです。

そして、**1940年9月、日独伊三国同盟成立。**

●戦略的大失敗！　ヒトラー、独ソ戦を開始

ドイツがフランスを降伏させたのは1940年6月。

このころ、「不可侵条約」を結んだドイツとソ連は、早くも不和になっていきます。

ソ連は1940年6月、ルーマニアを占領しました。

一方、ドイツは、ルーマニアの石油を必要としていました。

また、フィンランドをめぐる対立も深刻になっていきます。

「独ソ不可侵条約」で、フィンランドは「ソ連の勢力範囲」とされていました。

しかし、ヒトラーはフィンランドが欲しくなったのです。

こうして、ドイツとソ連の対立は激化していきます。

ヒトラーは、「ドイツ、日本、イタリア、ソ連でイギリスを打倒し、大英帝国の領土を山分けしよう」と提案。

スターリンは、この話に乗りませんでした。

1940年11月、ソ連はドイツに、

・フィンランドからの即時撤退。

・ソ連がブルガリアと相互援助条約を結ぶことを認めること。

・ダーダネルス海峡（エーゲ海とマルマラ海を結ぶ）・ボスポラス海峡（マルマラ海と黒海を結ぶ）にソ連が陸海軍基地を置くことを認めること。

などを要求。

これらの条件を受け入れることができないヒトラーは、ソ連との開戦を決断します。

1940年3月、ドイツは、ソ連が狙っていたブルガリアに侵攻。

1941年3月、ヒトラーは、

「三国同盟をベースにした提携で、日本を可能な限り早く極東での戦いに参戦させなければならない。そうなればイギリス軍の相当部分が極東にくぎ付けになる。

アメリカの関心も太平洋方面に移るだろう。今次の戦いの大方針は、イギリスを早急に敗北に導くこと、そして同時にアメリカを参戦させないことである」

という秘密指令を発しました。

同年3月27日、ヒトラーは松岡外相とベルリンで会談。

日本の対英戦争の早期参戦を要請しましたが、松岡は約束しませんでした。

1941年6月22日、独ソ戦開始（バルバロッサ作戦）。

ヒトラーは当初、**「対ソ連作戦は5ヶ月で終わる」と楽観的でした。**

「戦術的大勝利」が重なったことで増長したのでしょう。

ついに「戦略的大失敗」を犯してしまいます。

1941年10月、早くも冬が到来し、ドイツ軍は危機に陥ります。

ドイツ軍1943年2月、スターリングラード（現・ヴォルゴグラード）の戦いに敗れ、以後守勢に。

1944年3月、ソ連がバグラチオン作戦（ミンスク奪還を目的とした対独総反攻作戦）を開始。

ドイツ軍は壊滅的打撃を受けます。
1944年6月、ノルマンディー上陸作戦。
連合軍二〇〇万人が北フランス・ノルマンディーに上陸。
1945年4月30日、敗北を悟ったヒトラーは自殺したのです。

●ヒトラーが勝てた方法

ヒトラーは、なぜ負けたのでしょうか？
簡単に言えば、彼は**ソ連を攻撃したから敗北した**のです。
では、**ヒトラーが勝てる方法はあったのでしょうか？**
理論的には、あります。
その方法は、

- **アメリカを参戦させない（同盟国日本にも、「絶対アメリカと戦うな！」と念を押しつづける）。**
- **ソ連との不可侵条約を守り、戦わない。**
- **イギリス本国のみをターゲットとする。**
- **同盟国日本にアジアのイギリス軍を襲わせ、本国に向かわせない。**

これらすべてを実行すれば、ドイツが勝てた可能性があります。

考察してみましょう。

1938年から1940年までヒトラーは、まさに「**戦術的大勝利**」**の連続**でした。

1938年3月、オーストリア併合。

1938年10月、ズデーデン地方併合。

1939年3月、チェコ併合。

ここまで、イギリス、アメリカ、フランス、ソ連は動きません。

1939年8月、独ソ不可侵条約締結。

ヒトラーは東のソ連を中立化させ、西の英仏との戦いに備えます。

1939年9月、ドイツはポーランドに侵攻。

第二次世界大戦が勃発しました。

1939年10月、わずか1ヶ月でポーランドを制圧。

1940年4月、デンマークを制圧。

同月、ノルウェーに侵攻。

国王はイギリスに亡命し、ノルウェーには親ドイツ政権が樹立されます。

1940年5月、ドイツはフランスに侵攻。6月、フランス降伏。

1940年9月、日独伊三国同盟成立。

こうやって歴史を振り返ってみると、フランスを降伏させた1940年6月ころが、ナチスドイツのピークだったことがわかります。

ヒトラーは、大陸欧州のほとんどを、1年足らずで制圧することに成功したのです。

しかもこの時点で、アメリカもソ連も参戦していません。

ドイツとソ連には「不可侵条約」があります。

アメリカは、ルーズベルトの「戦争不参加公約」と反戦的な国民世論によって参戦できません。

要するに、**ヒトラーが打倒すべきはイギリス1国だった**のです。

ここで、彼が**全戦力をイギリスに向けていれば、勝てた可能性があります。**

ところが、ヒトラーはここで、**愚かにもソ連と対立する道を進んだ**のです。

既述のように、ルーマニア、フィンランド、ブルガリアなどをめぐってヒトラーは、スターリンと対立していきます。

1941年6月、**ヒトラーはソ連を攻撃することで、ドイツが敗北する可能性を激増させたのです。**

そして1941年12月、真珠湾攻撃によって日米戦争が始まりました。

ヒトラーは、米国に宣戦布告し、アメリカとドイツの戦争も始まりました。

もう一度。

1940年6月にフランスが降伏したとき、ドイツの実質的な敵は、イギリスしかいませんでした。

ところが、1年後の1941年6月、ドイツがソ連を攻撃したことで、敵はイギリス、ソ連の2国になりました。

さらに、半年後の1941年12月、アメリカとの戦争が始まりました。

こうして、ドイツは、イギリス、アメリカ、ソ連を敵にすることになりました。

チャーチル自身が証言しているように、アメリカが参戦した時点で、ヒトラーの敗北は確定したのです。

イギリスのみをターゲットとし、ソ連、アメリカに参戦させなければ、ドイツが勝ったかもしれません。

ドイツはイギリスを倒し、大陸欧州とイギリス、さらにイギリスの広大な植民地を支配できた可能性があります。

ヒトラーが賢明であれば、欧州は、ドイツ1国になっていたかもしれないのです。

●ヒトラーの師匠は、ソ連攻撃に大反対した

先ほど、末次信正海軍大将の言葉を紹介しました。

簡単に言うと、「石油がないなら、オランダ領インドネシアの油田を確保すればいい」と。

別の言葉で、「石油がなくても、アメリカと戦う必要はない」とも言えるでしょう。

同じように、ヒトラーの「大戦略間違い」を知る男がいました。

彼の名をカール・ハウスホーファーといいます。

世界的に名の知られた地政学者（ミュンヘン大学教授）です。

ハウスホーファーは1921年、若きヒトラーと知りあいました。

そのヒトラーは1923年、ミュンヘン一揆の失敗によって投獄されました。

ハウスホーファーは、牢屋にいるヒトラーのところにせっせと通い、地政学を教え込んだのです。

ヒトラーは、ハウスホーファーの「生存圏理論」を気に入り、自分の政策に取り入れていきます。

「生存圏理論」とは、何でしょうか？

生存圏とは、国家が生存（＝自給自足）するために必要な地域のことです。

人口が増加したり、国力が増したりすれば、必要な生存圏も大きくなります。

そのとき、**国家が生存圏を確保するために、国境を拡張することは、国家の権利である**というのです。

この考え方だと、「**生存圏を確保するために他国を攻めることは『権利である』**」**ことになり、**

他国への侵略は肯定されることになります。

たとえば、日本はエネルギーが自給できていません。

この「生存圏理論」によると、日本が産油国を攻撃し、併合することは、「国家の権利」ということになります。

非常に危険な思想と言えるでしょう。

それで、「地政学」は、戦後「**禁断の学問**」になったのです。

ハウスホーファーは、ヒトラーの師匠。

しかし、彼と弟子ヒトラーの意見は食い違っていきます。

ヒトラーは１９４１年6月、独ソ不可侵条約を破って、ソ連攻撃を開始しました。

ハウスホーファーは、地政学的視点から、この攻撃に大反対でした。

彼は、「**ソ連と組んでイギリスを打倒すべきだ**」**と主張した**のです。

いまになってみれば、ヒトラーより師匠ハウスホーファーの言うことが正しかったことがわかります。

もし、ヒトラーに師匠の意見を聞く謙虚さが残っていたら、歴史は変わったかもしれません。

戦後、ハウスホーファーは、ニュルンベルグ裁判にかけられましたが、無罪になりました。

しかし、１９４６年、妻とともに自殺しています。

当たり前ですが、私はハウスホーファーの「生存圏理論」を肯定しません。

とはいえ、彼が「**戦略脳**」**だった**のは確かなようです。

一方で、「**戦術脳**」**のヒトラー**は、大局を見通すことができず、破滅必至のソ連攻撃を始めてしまったのです。

●アメリカの覇権喪失をもたらしたイラク戦争

「戦術的勝利が戦略的敗北をもたらした例」の三つ目に行きます。

イラク戦争です。

これは、皆さんにとって「とても意外な」例でしょう。

おそらく、何のことか訳がわからないと思います。

アメリカは2003年3月、イラク戦争を開始しました。

この戦争は、2011年12月に米軍が撤退するまで8年間続きました。

とはいえ、おもな戦闘は2003年に行われています。

アメリカ・イギリス軍を主力とする戦力は2003年4月、イラクの首都バグダッドを陥落させました。

そして同年5月、ブッシュ大統領は勝利宣言をしています。

イラクのフセイン大統領は同年12月に捕まり、２００６年12月に処刑されました。

こういう流れを見ると、アメリカの勝利は、「戦術的勝利」ではなく、「戦略的勝利」に思えるでしょう。

思い出してみましょう。

「戦略的勝利」は「戦争に勝つこと」

「戦術的勝利」は「戦闘に勝つこと」

アメリカはイラクで、戦闘に勝っただけでなく、戦争に勝ったのでは???

そのとおりです。


しかし、この戦争は、「**もっと大きな枠**」で見る必要があります。

理解しやすいように、「ウクライナ戦争」のことを考えてみましょう。

この戦争は、ロシアとウクライナの戦争です。

しかし、「もっと大きな枠」で見ると、プーチン自身が言っているように、これは「**西側全体とロシアの戦争**」でもあるでしょう。

同じように、イラク戦争は、「もっと大きな枠」で見なければなりません。

どういうことでしょうか?

この戦争の主体は、アメリカとイラクではなく、アメリカとフランス、ドイツ、ロシア、中国などだったのです。
さっぱり訳がわからないでしょう。
順番にお話ししていきます。

1945年に第二次世界大戦が終わり、冷戦時代が始まりました。
別の言葉で「米ソ二極時代」です。
冷戦時代は1991年12月のソ連崩壊で終わりました。
それまで世界には、アメリカ、ソ連という二つの極がありました。
しかしソ連が崩壊し、二極のうちの一極が消滅しました。
世界は1992年から、「アメリカ一極時代」に入っていきます。
アメリカは1990年代、「この世の春」を謳歌していました。
宿敵ソ連は消滅しました。
経済のライバルだった日本は、バブル崩壊で「暗黒時代」に突入しています。
欧州は、豊かな西欧が、ソ連から解放された貧しい東欧を助けるので大変。
中国は、まだ相手にならないほど貧しく、弱い。
要するに、世界には、アメリカに対抗できる勢力が全然いない状態だったのです。

しかし、「アメリカ一極体制」が気に入らない勢力もありました。

一番に反逆の狼煙《のろし》を上げたのは、意外にも欧州です。

なぜでしょうか?

冷戦時代、欧州は、アメリカの勢力圏にある西欧、ソ連の勢力圏にある東欧に分かれていました。

西欧がアメリカに従順だったのは、「西欧だけでは最大の敵ソ連に勝てない」と自覚していたからです。

ところが1991年12月、最大の脅威ソ連が消滅しました。

この歴史的事件には、もう一つの意味がありました。

そう、西欧のエリートたちは、「もはやアメリカに守ってもらう必要はない」と考えるようになったのです。

さらに彼らは、「アメリカから欧州に覇権を取り戻そう!」と野望をもつようになったわけです。

気持ちは、何となくわかります。

1500年代から約400年にわたり、欧州は世界の中心でした。

覇権国家もライバル国も欧州から出ていました。

覇権国は、スペイン、オランダ、イギリス。

ライバル国は、ポルトガル、フランス、ドイツ。

ところが、第二次世界大戦で欧州はボロボロになり、覇権は欧州エリートが「野蛮な田舎」と考えるアメリカ、ソ連に移っていった。

ソ連という巨大な脅威が消えたいま、「欧州にもう一度覇権を！」と夢見たのです。


欧州、とくにEUの中心国家フランス、ドイツには、二つの戦略がありました。

一つ目は、EUを東欧に拡大していくことです。

既述のように、東欧は冷戦時代、ソ連の勢力圏にありました。

それがソ連崩壊で解放されました。

EUは、東欧諸国を加盟させることで、巨大化していきます。

要するに、欧州の1国で覇権を目指すのは無理だから、欧州全部を一つの国のようにして、覇権を目指したのです。

二つ目は、**欧州の共通通貨ユーロを、ドルに代わる基軸通貨にしていくこと**。

アメリカの強さの源泉は、基軸通貨＝世界通貨の発行権をもっていること。

欧州のエリートたちは、「この特権をアメリカから奪ってしまおう！」「俺たちもこの特権を得よう！」と決意したのです。

1999年、ユーロが誕生しました。

しかし、ユーロが欧州連合の共通通貨になっても、「地域通貨」にすぎません。世界通貨ドルに対抗するためには、欧州以外の地域でも使われる通貨にする必要があります。

そこで欧州は、思い切った行動に出ます。

イラクの大統領サダム・フセインを説得し、イラク原油の決済通貨をドルからユーロに替えさせたのです。

これは、アメリカに衝撃を与えました。

というのも、ドルが基軸通貨である最大の理由は、世界の原油取引がドルで行われてきたからなのです。

アメリカのキッシンジャー国務長官は1974年、当時世界一の産油国だったサウジアラビア王室のサウド家保護を約束する見返りに、サウジの原油輸出をすべて「米ドル建てで行うこと」に合意させました（ワシントン・リヤド密約）。

ここから始まった「原油は米ドルで取引すること」を「ペトロダラー・システム」を呼びます。

ところが、フセインが、このシステムに穴を開けた。

アメリカがこれを放置しておけば、「原油はユーロで取引」が一般化する可能性があります。

それでアメリカは2003年、イラク戦争を開始し、原油の決済通貨をユーロからドルに戻したのです。

『毎日新聞』２００６年4月17日付

〈イラクの**旧フセイン政権は〇〇年一一月に石油取引をドルからユーロに転換した。**国連の人道支援「石油と食料の交換」計画もユーロで実施された。**米国は〇三年のイラク戦争後、石油取引をドルに戻した経過がある。**〉

ここまでの話を聞いて、「トンデモ、トンデモ〜」と思った人はいるでしょうか？

そんな人は、「イラク戦争の理由は、フセインが大量破壊兵器を保有していたことと、アルカイダを支援していたことだ」などと信じているのでしょう。

しかし、この二つの理由は、すでにアメリカ自身が否定しています。

『読売新聞』２００６年9月9日付。

〈**米上院報告書、イラク開戦前の機密情報を全面否定**

［ワシントン＝貞広貴志］米上院情報特別委員会は八日、イラク戦争の開戦前に米政府が持っていたフセイン政権の大量破壊兵器計画や、国際テロ組織アル・カーイダとの関係についての情報を検証した報告書を発表した。〉

〈報告書は**『フセイン政権が（アル・カーイダ指導者）ウサマ・ビンラーディンと関係を築こうとした証拠はない』と断定、大量破壊兵器計画についても、少なくとも一九九六年以降、存在しなかったと結論付けた。**〉（同前）

この二つの理由がフェイクであることはわかりました。

では、アメリカがイラク戦争を始めた本当の理由は何なのか？

私は2003年からずっと「**ドル基軸通貨体制を守るため**」と書きつづけています。

そして、そう主張しているのは、私だけではありません。

たとえば『ペトロダラー戦争――イラク戦争の秘密、そしてドルとエネルギーの未来』（高澤洋志訳　作品社）の中で、イギリスのシンクタンク「政策研究開発研究所」の研究員ウィリアム・R・クラーク氏は、イラク戦争の原因について以下のように書いています。

〈今回の戦争の目的は、イラクの炭化水素鉱床（油田と天然ガス田）を掌握し、そうして、死活問題に関わる国際石油市場で**ドルのみが使用される状態を維持すること**にあった。すなわち**ドルが世界の準備通貨（基軸通貨）であり続けるための戦争だった**のだ。〉（23頁）

クラーク氏は、「イラク戦争＝ドル防衛戦争」であると断じています。

では、ドル基軸通貨体制を脅かす存在とは、何なのでしょうか？

そう、ユーロです。


〈アメリカによる支配の第二の柱は、世界準備通貨として機能しているドルである。ユーロが一九九九年に登場するまで、世界貿易上、ドルの優位に対抗する可能性のある通貨は皆無であった。ドル優位を維持することは、アメリカが世界支配を目論むならば、戦略上、不可欠の条件である。〉（前掲書　65頁）

同氏は、「アメリカを没落させる方法」を語ります。

〈実際、**ドルという柱を取り去るようなことがあれば、自然と軍事面での柱も消失することになるだろう。**〉（前掲書　65頁）

さて、取りあえず、イラクの脅威を取り除くことに成功したアメリカ。

その後、ドル基軸通貨体制は盤石になったのでしょうか？

すなわち、「イラク戦争を始め、フセイン政権を打倒し、イラク原油の決済通貨をユーロからドルに戻したこと」は、「戦略的勝利」だったのでしょうか？

それとも「戦術的勝利」にすぎなかったのでしょうか？

答えは、**「戦術的勝利」にすぎなかった**のです。

なぜでしょうか？

●イラク戦争は「歴史的大失敗」

アメリカは、力業でイラクの原油決済通貨をユーロからドルに戻しました。

そのプロセスは、国際社会が納得できるものではなかったのです。

まず、既述のように、開戦の根拠が「大嘘」でした。

さらに、アメリカは、国連を無視してイラクとの戦争を開始しています。

国際法における「合法的戦争」は、二つしかありません。

一つ目は、「自衛戦争」です。

たとえば、２００１年に始まった「アフガン戦争」

これは、２００１年9月11日に起こった「米国同時多発テロ事件」に対する「自衛権の行使」とされました。

だから、イラク戦争と比べると、反戦運動がほとんどなかったのです。

「合法的戦争」の二つ目は、「国連安保理が承認した戦争」です。

たとえば、１９９１年の「湾岸戦争」

これは、国連安保理が承認した戦争で、合法です。

一方、イラク戦争は、国連安保理常任理事国のうちフランス、ロシア、中国が反対しました。

それで、アメリカは、国連安保理を無視して戦争を始めたのです。

ロシアによるウクライナ侵攻が違法であるのと同様、アメリカによるイラク侵攻も、明らかに国際法違反だったのです。

当時のアナン国連事務総長は、「イラク戦争は国際法違反である」と断言しています。

〈イラク戦争「**国連憲章上違法**」　国連事務総長がＢＢＣに

15日の英ＢＢＣ放送（電子版）によると、アナン国連事務総長はＢＢＣとのインタビューで、イラク戦争を「我々の見地からも、**国連憲章上からも違法**」と断じた上で、「各国が共同歩調をとり、国連を通して行動するのが最善という結論に誰もが達している」と述べた。

国連では21日からブッシュ米大統領ら各国の元首、首相、外相らを迎えて総会の一般演説が行われる。

アナン氏の発言はこれを前に、**イラク戦争を国際法違反**とする国連の姿勢と、唯一武力行使を容認できる機関としての安全保障理事会の重要性を再確認したといえる。〉（asahi.com ２００４年９月16日付）

親米国日本にいるとなかなか気づきませんが、イラク戦争は極めて評判が悪かったのです。

国際社会は、イラク戦争の真の動機を知りません。

普通の人たちは、「アメリカは嘘をついてイラクを攻めた」とだけ思っています。

一方、支配層はアメリカの真の動機を知っています。

つまり、「ドル基軸通貨体制を守るためにイラクを攻めた」と。

アメリカとしては、「ドル基軸通貨体制を崩壊させようとする奴は、フセインと同じ運命が待っている！」という見せしめの意味もあったのでしょう。

しかし、結果はまったく逆効果。

イラク原油の決済通貨はドルに戻せたものの、ほかの場所で「ドル離れ」が急速に進むことになったのです。

いくつか代表的な報道を振り返ってみましょう。


まず、アメリカが拡大を止めようとしたユーロの影響力。

フセインを打倒したあとも止めることができませんでした。

どうなったのか？

２００６年12月末、ついに流通量でドルを超えてしまいます。

『毎日新聞』２００６年12月30日付。

〈**「ユーロ」現金流通から5年　米ドルを超えた模様**

【ロンドン藤好陽太郎】欧州単一通貨**ユーロの市中での紙幣流通量が今月初めて米ドルを超えた模様だ。ロシアや中東地域などユーロ圏外でも保有する動きが広がっている**ほか、ユーロ高でドル換算した額が膨らんだ。

旧ユーゴスラビア連邦のスロベニアも来月１日から新たにユーロに加盟し、ユーロ圏は今後も拡大が予想される。

通貨として誕生してから丸８年、現金流通開始から５年。**ユーロは国際通貨としての存在感を強めつつある。**〉

そして、プーチンは２００７年６月、何とロシアルーブルを、「**ドルに代わる世界的な基軸通貨にする！**」と宣言します。

〈米露〝破顔一笑〟「**ルーブルを世界通貨に**」プーチン大統領ますます強気

【サンクトペテルブルク＝内藤泰朗】ロシアのプーチン大統領は10日、出身地サンクトペテルブルクで開かれた国際経済フォーラムで、同国の通貨**ルーブルを世界的な基軸通貨とする**ことなどを提唱した。

同国など急成長する新興国の利益を反映した経済の世界新秩序が必要であるとの考えを示した形だ。世界的な原油価格高騰を追い風に強気のロシアは、**米国主導の世界経済に対抗し、欧米諸国に挑戦する姿勢を強めるものとみられる。**〉（『産経新聞』２００７年6月12日付）

「ルーブルを世界的な基軸通貨にする」――いまは、想像することもできません。

しかし、ロシア経済は当時、原油が歴史的に高騰していたことで絶好調だったのです。

ちなみに原油価格は、１９８８年１バレル10ドルだったのが、10年後の２００８年、１４０ドル台まで暴騰しています。

それで、プーチンの１期目と2期目、つまり２０００年から２００８年まで、ロシア経済は年平均７％の高成長を続けていたのです。

また、「中ロに守られている」イランは、２００７年、**原油のドル決済を中止**しました。

ロイター２００７年12月10日付。

〈**イラン、原油のドル建て決済を中止**＝通信社
【テヘラン　8日　ロイター】　イラン学生通信（ISNA）は8日、ノザリ石油相の話として、同国が**原油のドル建て決済を完全に中止した**、と伝えた。
ISNAはノザリ石油相からの直接の引用を掲載していない。
ある石油関連の当局者は先月、イランの原油の代金決済の「ほぼすべて」はドル以外の通貨で行われていると語っていた。〉

「イランがアメリカから逃げ切ることができれば、自分たちも決済通貨を変えてしまおう」と考えていたのが、サウジアラビア、クウェート、アラブ首長国連邦など中東産油大国がつくる湾岸協力会議（GCC）。

ロイター2007年12月4日付。

〈GCC首脳会議声明、**2010年の通貨統合**目標維持へ＝事務局
【ドーハ　4日　ロイター】　湾岸協力会議（GCC）首脳会議の声明では、**2010年までに通貨統合を達成する**ことへのコミットメントが維持される見通し。
アブドルラハマン・ビン・ハマド・アティーヤ事務局長が4日明らかにした。

同事務局長は、声明の最終案には2010年の目標時期が盛り込まれているか、とのロイターの質問に対し「そうだ」と答えた。〉

ドル離れは、もはや世界的トレンドになっていました。

当時は、南米共同体や東アフリカ共同体も、「共通通貨導入」を目指していました。

このように、**ドミノ式にドル離れが起こり、ドル基軸通貨体制は崩壊していったのです。**

2008年1月23日、ジョージ・ソロスは、ダボス会議で歴史的発言をしています。

「**現在の危機は、ドルを国際通貨とする時代の終焉《しゅうえん》を意味する**」

リーマンショックが起こったのは、ソロスの発言の約8ヶ月後の2008年9月15日でした。

ここまで、「リーマンショックと100年に一度の大不況」の前に、「**世界的ドル離れが起こっていた**」**ことを見てきました。**

そして、「100年に一度の大不況」は、「ただの不況」ではありませんでした。

これで、「**アメリカ一極時代**」**は終わり、**2009年から世界は「**米中二極時代**」に入っていきます。

アメリカにとって、イラク戦争の「**戦術的勝利**」**が**「**一極覇権喪失**」**という**「**戦略的敗北**」**につながっていった**こと、ご理解いただけたでしょう。

●ソロスの予言

「真珠湾攻撃」に触れた際、末次信正海軍大将が、「オランダ領インドネシアの原油を押さえればいい」と主張していたことに触れました

ヒトラーの話では、地政学者ハウスホーファーが、ソ連攻撃に反対していたことを紹介しました。

では、アメリカの「イラク戦争」では、その間違いを指摘した人はいたのでしょうか？いま す。

「世界三大投資家」の一人、ジョージ・ソロスです。

私は、ソロスのファンでは全然ありませんが、イラク戦争に関して彼は「予言者」と言えるでしょう。

ソロスは、イラク戦争が始まった翌2004年、『ブッシュへの宣戦布告』（寺島実郎、藤井清美訳　ダイヤモンド社）という本を出版しています。

この本の中で、ソロスは、「アメリカの没落」を明確に予測していました。

〈先制軍事行動を唱えるブッシュ・ドクトリンを私は有害だと思っている。〉(1頁)

〈アメリカの単独覇権というブッシュの夢は、達成不可能であるばかりか、アメリカがその伝統として唱えてきた理念と矛盾するものである。〉(前掲書　2頁)

〈アメリカは今日の世界で、他のどの国家も、またどの国家連合も、当分は対抗できそうもない支配的な地位を占めている。

アメリカがその地位を失うとすれば、それは唯一、自らの誤りによってだろう。

ところが、アメリカは今まさに、**そうした誤りを犯しているの**である。〉(前掲書　2頁)

どうですか、これ?

〈アメリカがその地位を失うとすれば、それは唯一、自らの誤りによってだろう。〉

〈アメリカは今まさに、そうした誤りを犯している〉

つまりソロスは、「**イラク戦争は誤りで、それによってアメリカは、自らの地位(=覇権国家の地位)を失う**」と言っています。

そして、まさにそうなったのです。

●戦略脳と戦術脳

ここまで「戦術的勝利が戦略的敗北につながった例」を三つ挙げました。

「真珠湾攻撃」「ヒトラー」「アメリカのイラク戦争」です。

なぜこのような失敗が起こるのでしょうか?

「戦略脳」の指導者は、物事を「戦略的に考える」ことができます。

「戦略的に考える」とは、どういうことでしょうか?

「大局的」に「長期的」にということでしょう。

「戦略脳」の指導者は、戦争に勝つまでの方法、つまり「戦略」を考え、知っています。

それだけでなく、「戦争に勝ったあと」のことまで考えている。

「戦略脳」の指導者であれば、戦略を実現するための作戦を立て、作戦を成功させるための戦術を考えるでしょう。

そんな指導者の下で、「戦術的勝利」をすれば、確実に一歩「戦略的勝利」に近づきます。

では、**指導者が「戦術脳」**だったら、どういうことが起こるでしょうか?

その指導者は、「**目先の利益を得ること**」に集中します。

そしてしばしば、効率的に「目先の利益を得ること」に成功します。

いわゆる「戦術的勝利」を収めることができる。

ところが、「戦術脳」の指導者は、「**戦術的勝利の結果、何が起こるのか**」まで考えが及ばないのでしょう。

あるいは、「戦術的勝利の結果として起こること」に関する予測を間違えます。

「戦術脳」の指導者は、物事を「**大局的**」「**長期的**」**に見ることができない**ので、そのような大失敗をするのです。

彼らの脳は、「**近視眼的**」**で**「**短期的**」だと言えるでしょう。

たとえば、「戦術的大勝利」だった真珠湾攻撃の目的の一つに、緒戦において米軍に大打撃を与え、米国海軍および米国民の戦意を挫くということがありました。

要するに日本は、「真珠湾攻撃で大勝すれば、アメリカ国民は戦意を失うだろう」と予測した。

ところが、完全に正反対の結果になっています。

さて、この本の主人公であるプーチン大統領の脳は、「戦略脳」なのでしょうか？

それとも「戦術脳」なのでしょうか？

次章で検証してみましょう。

第二章

プーチン神話の誕生

●プーチンの経歴

ここから、いよいよプーチンに焦点を当てていきます。

まず簡単に、プーチンの経歴を見てみましょう。

プーチンは１９５２年10月７日、レニングラード（現・サンクトペテルブルク）で生まれました。

父親は、プーチンと同名でウラジーミル。母親は、マリア。

父、ウラジーミルは、第二次世界大戦時、ＫＧＢの前身である内務人民委員部（ＮＫＶＤ）で働いていました。戦後は、機械技師として鉄道車両を生産する工場に勤務しています。

母、マリアは、清掃員や食料品店の店員など、いくつも仕事を変えていたそうです。

プーチン家は、裕福でない、ごく普通の家族だったようです。

ちなみに、母マリアは１９９８年、父ウラジーミルは１９９９年に亡くなっています。

二人とも、大統領になった息子を見ることはできませんでした。

さて、プーチンは、近所の普通の学校に通っていました。

記憶力が良く頭はいいものの、いたずらばかりしていたそうです。

しかし、6年生ごろから柔道を習うようになり、次第にまじめになりました。

プーチン少年は、あるときから夢を描くようになります。

それは「**スパイになること！**」——日本人には、理解不能な夢ですが。

複数のロシア人に聞いてみると、ソ連時代「諜報員（スパイ）」に憧れる子供は多かったそうです。

なぜかというと、テレビドラマや映画で諜報員は「スーパー・ヒーロー」として描かれていたから。イギリスの「００７」と同じです。

驚くべきことに、プーチンは、少年時代の夢をずっと抱きつづけていました。

14歳のとき、彼はＫＧＢの支部に行き、職員に質問します。

「ＫＧＢのおじさん！　僕、諜報員になりたいんだけど、どうすればＫＧＢに入れるか教えてくれる？」

すると、ＫＧＢ職員は、「大学は法学部がいい」「言動的、思想的問題を起こさないこと」「スポーツで実績のある人は、ＫＧＢに入りやすい」ことなどを教えてくれました。

言動的問題とは、たとえば「ソ連政府を批判する」こと。

思想的問題とは、たとえば「宗教にはまる」とか「資本主義思想にはまる」など。

そして、プーチン少年は、このアドバイスを素直に聞き、実行したのです。

アドバイスどおり、名門レニングラード大学の法学部に合格。

柔道に打ち込み、きわめてまじめな学生になりました。

1975年、大学4年生のプーチンは、KGBからスカウトされます。

こうして彼は、夢を実現させたのです。

●スパイ組織のトップ、そして大統領へ

その後プーチンは、KGBのレニングラード支部事務局に勤務。

さらに、対諜報活動局を経て、対外諜報部に配属されます。


そして1985年、33歳のとき、ソ連の実質支配下にあった東ドイツのドレスデンに派遣されました。現地で政治関係の諜報活動を行うためです。

1985年と言えば、ゴルバチョフがソ連書記長に就任し、「ペレストロイカ（再建）」政策を開始した年。

そんなとき、プーチンは、冷戦の「最前線」、東ドイツに派遣された。

当時ドイツは、アメリカを中心とする資本主義陣営の西ドイツ、ソ連を中心とする共産主義陣営の東ドイツに分かれていました。

そして、ベルリンの壁が西と東を分断していた。

プーチンはここで、「祖国ソ連の敗北」を目撃することになります。

ゴルバチョフは、アメリカに譲歩を重ねていった。

そして、東欧で次々と民主革命が起こるのを阻止しなかった。

その結果、1989年11月、ベルリンの壁は崩壊。

東欧の国々はドミノ式にソ連圏を離脱していきます。

これを、スパイ、プーチンは、なすすべもなく見ていました。

1990年10月、東西ドイツ統一。

38歳のプーチンは、レニングラードに呼び戻されます。


レニングラードに戻ったプーチンは、KGBに辞表を提出します。

（とはいえ、完全にKGBとの関係が切れたわけではないでしょう。ロシアでは「『元』諜報員は存在しない」と言われます。）

1991年6月、大学時代の恩師サプチャクがレニングラード市長に当選。

プーチンはこのサプチャクに、市の対外関係委員会議長に任命されました。

同委員会のおもな役割は、市に外国投資を呼び込むこと。

さらにその1年後の1992年には、（レニングラード市改め）サンクトペテルブルク市・副市長に就任（40歳）。

しかし、その後１９９６年の市長選挙で、プーチンの上司サプチャクが敗北。プーチンは、新市長のヤコブレフから、引きつづき市で働いてほしいと依頼されましたが拒否。副市長を辞職しました（44歳）。

しかし、失業したプーチンに、ロシア連邦の大統領府から声が掛かります。

プーチンは、ロシア大統領府総務局次長に任命され、モスクワに引っ越しました。

そして翌１９９７年３月には、大統領府副長官に、１９９８年５月には第一副長官に昇進（45歳）。

さらに、１９９８年７月には、**ＫＧＢの後身であるロシア連邦保安庁（ＦＳＢ）の長官**に任命されます。

「スパイになりたい」と憧れていた少年は、**ロシアの全諜報員のトップに立った**のです。このとき、プーチン46歳。

１９９９年８月、プーチンは、エリツィン大統領（当時）から首相に任命されました。

同年12月31日、エリツィンは、「健康状態の悪化」を理由に、任期満了前の引退を宣言。プーチンは「大統領代行」になります。

２０００年３月、大統領選挙でプーチンが勝利。

こうして、独裁者プーチンの、大統領としての人生がスタートしたのです。

●1990年代後半のロシアを支配した七人の新興財閥

大統領に就任したプーチンは、早速戦いを始めました。

ターゲットになったのは、1990年代後半にロシアの政治経済を牛耳っていた七人の新興財閥です。

「クレムリンのゴッドファーザー」と呼ばれたベレゾフスキーは当時、「七人の新興財閥がロシアの富の50%を支配している」と公言していました。

七人の新興財閥とは次の人々です（基盤は当時のもの）。

1. ボリス・ベレゾフスキー（基盤：石油大手シブネフチ、ロシア公共テレビ等）
2. ロマン・アブラモービッチ（同：石油大手シブネフチ）
3. ピョートル・アヴェン（同：ロシア最大の民間銀行アルファバンク）
4. ミハイル・フリードマン（同：石油大手TNK）
5. ウラジーミル・グシンスキー（同：持株会社メディアモスト、および傘下の民放最大手NTV）
6. ミハイル・ホドルコフスキー（同：メナテップ銀行、石油大手ユコス）

7．ウラジーミル・ポターニン（同：持株投資会社インターロスグループ、ノリリスクニッケル）

7のポターニン以外は、すべてユダヤ系です。

「ユダヤ系」というと、何となく「陰謀論」のようですが、事実です。

気になる方は、存分に調べてみてください。

●「クレムリンのゴッドファーザー」ベレゾフスキーとは？

1990年代後半「クレムリンのゴッドファーザー」と恐れられた男、ベレゾフスキー。

彼の経歴を少し見てみましょう。

ベレゾフスキーは1946年、モスクワに生まれました。

モスクワ林業技術大学を卒業。応用数学博士。

彼は、まだソ連時代だった1980年代、「ジーンズ」の生産と販売からビジネスを始めたそうです。始まりは、全然「ゴッドファーザー」らしくなかった。

しかし、当時ソ連には、まともなジーンズがなかったのです。

鎖国状態だったので、西側からも入ってこなかった。

それでニーズがあり、ベレゾフスキーは急速に富を増やすことができたのでしょう。

資金をためた彼は1989年、自動車販売会社「ロゴバス」を設立。

ロシアの自動車最大手「アフトバス」の製品を販売しました。

ソ連が崩壊した1991年、ロゴバスは、独メルセデス・ベンツの公認ディーラーになります。

1995年1月、国営放送局「ソ連中央テレビ1チャンネル」を基盤として、「ロシア公共テレビ」（ORT）がつくられます。

ベレゾフスキーは同局の取締役になりました。

同年、民放テレビ局「TV6」を買収。ベレゾフスキーはその後、さまざまなメディアを支配下に収めていきました。

彼が所有していたメディアの例を挙げると、ロシアの「日経」と呼ばれた日刊紙『コメルサント』をはじめ、『独立新聞』『ノーヴィエ・イズベスチヤ（新しいニュース）』など。

週刊誌『ヴラスティ（権力）』『デェンギ（お金）』『オガニョク（閃光）』など。

ラジオ局「ナッシェ・ラジオ（われらのラジオ）」など。

1996年、大手石油会社「シブネフチ」を買収。

そのほかの経済基盤として、統一銀行、アフトバス銀行など。

ベレゾフスキーが「クレムリンのゴッドファーザー」と呼ばれるようになったのは、なぜなのでしょうか？

1996年6月に大統領選挙がありました。

1996年1月時点で、誰もが「エリツィン再選はない」と確信していました。

彼は、ソ連を崩壊させ、新生ロシアに不完全ながら「民主主義」「資本主義」を導入した「歴史的功労者」です。

しかし、ソ連崩壊後の経済政策の失敗で、彼の人気は超低空飛行を続けていたのです。

当時（1996年1月）の支持率を見ると、ロシア共産党のジュガーノフ党首が24％でトップ、エリツィンは5％で5位。

IMFのデータを見ると、1992年のGDP成長率はマイナス14・5％、1993年はマイナス8・7％、1994年はマイナス12・7％、1995年はマイナス4・1％。

これらの数字を見ただけで、「エリツィン再選は不可能」な理由がわかるでしょう。

しかし、エリツィンは、7月に実施された決選投票で53・8％を獲得し勝利したのです。なぜでしょうか？

「七人の新興財閥」がエリツィンを助けたからです。

なぜ？

共産党のジュガーノフ党首が大統領になれば、銀行、石油会社、メディアなどを再び国有化するでしょう。

何といっても共産主義は「私有財産」を否定しているのですから。

新興財閥は、「せっかく築き上げた基盤を奪われてたまるか！」と決意して、エリツィンを支援したのです。


新興財閥は、メディアを支配していました。

「ロシアの三大テレビ局」と言えば、国営「ＲＴＲ」（現在の「ロシア１」）、国営「ロシア公共テレビ」（ＯＲＴ、現在の「チャンネル１」）、民放最大手「ＮＴＶ」です。

国営「ＲＴＲ」は、もちろん現職のエリツィン支持。

「ＯＲＴ」は「国営」とはいえ、ベレゾフスキーが支配していました。

「ＮＴＶ」は、ユダヤ系新興財閥グシンスキーのテレビ局です。

グシンスキーは、ベレゾフスキーとライバル関係で仲が悪かった。

それでも、「エリツィン再選」「打倒ジュガーノフ」には協力しました。

こうしてエリツィンは、「メディア洗脳作戦」によって大逆転を果たしたのです。

新興財閥軍団をまとめあげ、「エリツィン再選キャンペーン」を指揮したのがベレゾフスキーでした。

それで、選挙後は彼の影響力が強まり、最終的には「ベレゾフスキーの許可なしで、エリツィンは首相を任命できない」と言われるまでになったのです。

●プーチンを大統領にしたベレゾフスキー

さて、ベレゾフスキーには悩みがありました。

エリツィン大統領の健康問題です。

エリツィンが亡くなったのは、大統領を引退した7年後の２００７年です。

死因は「多臓器不全」

つまり、生命維持に必要な複数の臓器の障害で亡くなった。

じつを言うと、エリツィンの体は、１９９０年代後半の時点ですでにボロボロでした。

ほとんどのロシア国民は、「大統領はいつ死んでもおかしくない」と考えていたのです。


ベレゾフスキーの悩みは、何でしょうか？

「エリツィンが亡くなり、大統領選挙が行われれば、今度こそ共産党のジュガーノフ党首が勝利し、自分の財産を没収される可能性が高い」ということ。

ベレゾフスキーは、「自分の財産を守ってくれる、自分に忠実な新しい大統領候補」を探しはじめました。

その結果、選ばれたのがプーチンだったのです。

思い出してください。

プーチンは、サンクトペテルブルクの副市長だった。

1996年の市長選で、プーチンの上司サプチャクが敗れました。

ヤコブレフ新市長は、プーチンに、副市長職にとどまるよう要請した。

ところがプーチンは、サプチャクへの忠節を通し、辞職の道を選びました。

そんな過去があることから、当時「プーチンは、忠実な男だ」と考えられていたのです。

ベレゾフスキーは、プーチンを「次期傀儡《かいらい》大統領にしよう」と決意します。


そのときの様子を、イギリスで2006年に殺されたFSB諜報員リトビネンコの妻マリーナとベレゾフスキーの友人、アレックス・ゴールドファーブが、本の中で記しています。


〈「ワロージャ（引用者注：プーチンの名前の愛称）、きみはどうだね？」ボリス（引用者注：ベレゾフスキー）が唐突に尋ねた。

「どうだねとは？」プーチンはわけがわからずに訊き返した。

「大統領になれないか？」

「私が？　とんでもない、大統領なんて柄じゃない。自分の人生でそんなことは望んでいない」

「ほう、それなら何が望みだ？　このままずっと長官を続けたいのか？」

「私は…………」

プーチンは口ごもった。

「ベレゾフスキーになりたい」〉（『リトビネンコ暗殺』アレックス・ゴールドファーブ、マリーナ・リトビネンコ著　加賀山卓朗訳　早川書房　２２７～２２８頁）

〈**「ベレゾフスキーになりたい」**〉

これは、どういう意味でしょうか？

素直に解釈すると、「私プーチンは、あなたベレゾフスキーに憧れています」ということでしょう。

この一言でベレゾフスキーは、「プーチンは、自分に憧れている忠実な男だ」と確信します。

「これほど次期傀儡大統領にふさわしい男はいない」と。

そして、１９９９年8月、プーチンは、首相に任命されたのです。


１９９９年12月31日、エリツィンは「健康状態の悪化」を理由に、任期満了前の引退を宣言。

首相プーチンは、大統領代行になりました。

２０００年3月、大統領選挙が実施され、プーチンが勝利しました。

すべて、ベレゾフスキーの思惑どおりです。

しかし、じつを言うと彼は「**人生最大の失敗**」**を犯したのです。**

どんな失敗でしょうか?

プーチンを大統領にしたことです。

というのも、「ベレゾフスキーに憧れている」というのは、**プーチンの演技にすぎなかったから。**

プーチンは、アカデミー賞級の演技で**ベレゾフスキーをだまし、ちゃっかり大国の大統領になることに成功した**のです。

プーチンがベレゾフスキーをだましたことは、その後の彼の行動ではっきりわかります。

●プーチンに追放されたベレゾフスキー

プーチンは2000年5月、ロシア大統領に就任しました。

自分が絶対的な権力を手にしたプーチンは、露骨に「恩人」ベレゾフスキーと距離を置きはじめます。

ベレゾフスキーは、プーチンに会うことも難しくなってきました。

「飼い犬に手をかまれた」状態のベレゾフスキーは、急速に「反プーチン」になっていきます。

具体的には、国営テレビ局「ORT」を使い、プーチン攻撃を始めたのです。

ORTは、なぜベレゾフスキーの支配下にあったのでしょうか？

彼が、ORT株49％を所有していたからです。

つまりORTは、「国営」というより、正確には「半官半民」ということです。

2000年8月12日、原子力潜水艦クルスク沈没事件が起こりました。

フィンランドの北方バレンツ海で事故が起こった直後、一八〇人の乗組員のうち数十人は生存していました。

しかし、救助の遅れで全員亡くなったのです。

このとき、プーチンは黒海の保養地ソチで休暇中。

事故が起こったあとも、モスクワに戻ることなく、休暇を続行していました。

ベレゾフスキーのORTは、プーチンのこの行動を大いに非難します。

ORTは、「クルスク乗組員の家族が苦しむ映像」と「ソチで休暇を満喫するプーチンの映像」を交互に流したのです。

プーチンは、ベレゾフスキーのこの行動に激怒しました。

2000年8月20日、ベレゾフスキーはクレムリンに赴き、プーチンに会いました。

そのときの様子を、再び『リトビネンコ暗殺』から引用してみましょう。

〈プーチンはフォルダーを一冊持って入ってきた。そして公務をこなすような事務的な態度で話し始めた。「ＯＲＴはいちばん重要なテレビ局だ。政府の影響が及ばないところに置いておくには、重要すぎる。だから決定した」などと言った。

やがて突然ことばを切り、潤んだ目を上げて言った。「教えてくれ、ボリス。私にはわからない。どうしてこんなことをする？　どうして私を攻撃する？　私があなたを傷つけるようなことをしたか？　信じてもらいたいんだが、私はあなたの脱線をずいぶん大目に見てきたんだぞ」

「ワロージャ、ソチにいたとき、きみはまちがいを犯した。世界中のテレビ局が――」

「世界中のテレビ局なんてどうでもいい」プーチンはさえぎって言った。「どうしてあなたがこんなことをする？　私の友人のはずだろう？　大統領になれと私を説得したのもあなただった。ところがいま、私を裏切ろうとしている。何をしたせいでこんな目に遭わなければならない？」〉

（２８５頁）

プーチンは「原潜クルスク事故」がらみの報道について、ベレゾフスキーを非難したのです。

そして、「真実の瞬間」が訪れます。

ベレゾフスキーは、こんなことを言いました。

〈「選挙のあとの私たちの会話を忘れてしまったようだな、ワロージャ」ボリスは続けた。「私はきみに個人的な忠誠は誓わない、そう言っただろう？　きみはエリツィンのやり方を踏襲すると約束した。エリツィンは、自分を攻撃したジャーナリストを黙らせようなどとは考えたことすらなかった。きみはロシアをだめにしている」

「ちょっと待った。あなたがロシアのことを真剣に考えているはずがない」プーチンはぴしゃりと言った。「では、これで終わりだな」〉（前掲書　285〜286頁）

ベレゾフスキーは状況の変化を正確に把握できなかったのでしょう。

ベレゾフスキーは、大統領（エリツィン）を操れた、以前の彼ではない。

プーチンも以前の彼ではない。

いまや「かつての帝政ロシア皇帝より強大な権限をもつ」大統領。

しかも、彼のバックにはFSBや検察がいる。

翌2001年1月、ベレゾフスキーは、プーチンに忠誠を誓ったかつての弟子ロマン・アブラモービッチに、ORT株を1億7500万ドルで売却しました。

もし彼が売却を拒否すれば、クレムリン（＝プーチン）は「ORTを無料でゲットする方法」を必ず考えだしたでしょう。

ですから、実際の価値よりははるかに少なくても、お金を得ることができたのはベレゾフスキーにとって不幸中の幸いでした。

ちなみにベレゾフスキーは、その後どうなったのでしょうか？

ロシアから脱出した彼は、ロンドン在住。

熱心に反プーチン活動を続けていましたが、２０１３年３月に死亡しました。

死因は「自殺」と発表されましたが、「殺された」という噂も絶えません。

●プーチン、「世界ユダヤ人会議」副議長を追放

話の時期は、少し戻ります。

プーチンが最初のターゲットに選んだのは、ベレゾフスキーではありませんでした。

最初に狙われたのは、「メディア王」と呼ばれたウラジーミル・グシンスキーです。なぜ、彼がターゲットに選ばれたのでしょうか？


プーチンが大統領代行になる前の１９９９年12月、ロシアでは下院選挙が実施されました。

この選挙で、ベレゾフスキーは、プーチンの政党「統一」を支持しました。

一方、グシンスキーは、反プーチン政党「祖国・全ロシア」を支持したのです。

結果は、「ロシア共産党」が1位、「統一」が2位、「祖国・全ロシア」が3位でした。

プーチンは、「反プーチン」の立場をとったグシンスキーを最初の犠牲者に選んだのです。

グシンスキーは1952年10月6日生まれ。既述のようにユダヤ系です。
ちなみに、プーチンは1952年10月7日生まれ。
つまり、グシンスキーは、プーチンより「一日年上」ということになります。

グシンスキーは1990年代、ロシア最大のメディアグループ、「メディアモスト」を築いていました。

「メディアモスト」の傘下にあったのは、日刊紙『セヴォードニャ（「今日」）』、民放テレビ「NTV」、衛星放送「NTVプリュース」、ラジオ局「モスクワのこだま」、週刊誌『イトーギ（「総括」）』などなど。

とくにNTVは、民放最大手に成長していました。
グシンスキーのメディアは、遠慮なく政権を批判。
欧米から「ロシアの言論の自由の象徴」と絶賛され、グシンスキーは「ロシアのメディア王」としてその名をとどろかせていたのです。

彼はまた、2000年に「**世界ユダヤ人会議**」**の副議長**にも選ばれていて、世界のユダヤ人界でもかなり影響力のある人物でした。

しかし、プーチンは遠慮しません。
プーチンが大統領に就任した翌月の2000年6月、グシンスキーは、横領・詐欺などの容疑で逮捕されます。

その三日後に出所できたものの、スペインに脱出。

以後、亡命生活を余儀なくされることになります。

彼が育てたＮＴＶは同年7月30日、天然ガス世界最大手ガスプロムに買収されました。

グシンスキーは、その後どうなったのでしょうか?

現在は、イスラエルに住んでいます。

ベレゾフスキーと違い、積極的な「反プーチン運動」は行っていないようです。

それが、「長生きの秘訣」ということでしょうか。


さて、プーチンは大統領に就任した２０００年、七人の新興財閥の二大巨頭ベレゾフスキーとグシンスキーを追放することに成功しました。

結果、残り五人の新興財閥のうち四人が、プーチンへの服従を誓います。

彼らは、ビジネスを続けることを許されましたが、その代わり「政治に介入しないこと」を約束しました。

しかし、一人だけ、プーチンへの服従を拒否した男がいます。

「彼」については、後述します。

さて、「プーチン第一の戦い」は、1990年代にロシアの政治経済を牛耳ったユダヤ系新興財閥との戦いでした。

ソ連崩壊後、おそらく99%のロシア人が貧しくなった。

ところが、そんななか、新興財閥軍団は巨富を築いただけでなく、政治も支配するようになった。

それで、ロシア国民は、新興財閥を嫌っていました。

プーチンは2000年、嫌われ者新興財閥の大物二人を打倒した。

結果、プーチン人気は、大いに高まりました。

支持率アップだけでなく、彼にとって「実質的利益」もありました。

それはメディアを手に入れたことです。

既述のように、ベレゾフスキーはORTを、グシンスキーはNTVを支配していました。

プーチンは、そのORTとNTVを奪い、自分の支配下に置くことに成功したのです。ロシアのテレビから、「プーチン批判」は消えていきました。

●ジェイコブ・ロスチャイルドが反プーチンに

ここから、「陰謀論のような事実」の話をしていきます。

プーチンとロンドン・ロスチャイルド家六代目当主ジェイコブ・ロスチャイルドの関係につい

て。

ロスチャイルド家といえば、しばしば「陰謀論の主人公」になっています。

「超富豪系陰謀論」――もっともポピュラーなのは、「ロスチャイルド陰謀論」と「ロックフェラー陰謀論」でしょう。

「ロックフェラー陰謀論」については、陰謀論者の間で「世界皇帝」と呼ばれたデヴィッド・ロックフェラーが2017年、101歳で亡くなったあと、下火になっているようです。

一方、「ロスチャイルド陰謀論」は、いまも健在です。

さて、プーチンとジェイコブ・ロスチャイルドの間に何があったのでしょうか？

ここで登場するのが、ミハイル・ホドルコフスキーという男です。

当時ロシア石油最大手だった「ユコス」のＣＥＯでした。

「ロシアの石油王」と呼ばれていました。

いわゆる「七人の新興財閥」のなかで、ホドルコフスキーは、ベレゾフスキー、グシンスキー失脚後もプーチンに屈服しなかった唯一の新興財閥だったのです。

彼は、どのようにプーチンと対抗しようとしたのでしょうか？

「世界の支配層」とつながることで自分の身を守ろうとした。

このあたり、陰謀論とはもっとも遠い、日経新聞元モスクワ駐在員、栢俊彦《かやとしひこ》さんの『株式会社ロシア』（日本経済新聞出版社）を参考にしてみましょう。

〈新興財閥の二大大物であるベレゾフスキーとグシンスキーが2000年、プーチンによって国外逃亡に追い込まれた事件は、ホドルコフスキーにショックを与えた。（中略）身の安全を守るため米英に庇護者を求めたホドルコフスキーは、首尾よく**ヤコブ・ロスチャイルド卿**の知己を得、世界の有力者が集う社交界への扉を開けた。〉（前掲書　39頁）

この「ヤコブ・ロスチャイルド」、一般的には「ジェイコブ・ロスチャイルド」と呼ばれています。

さて、二人はどんなことを話しあったのでしょうか？

想像ですが、

ロスチャイルド卿「いまのロシアはどうですか？」

ホドルコフスキー「最悪です。プーチンは独裁者でユダヤ系新興財閥を迫害しています。私たち共通の敵です」

と、こんな会話が交わされたと思われます。

そして、ホドルコフスキーはロスチャイルド卿とともに、密かに「反プーチン運動」を開始します。

〈ホドルコフスキーは、01年12月、ロスチャイルド卿と共同で慈善団体の「**オープン・ロシア財団**」をロンドンに設立、翌年には米国にも事務所を開いた。理事には**ロスチャイルド**のほか、**元米国務長官のヘンリー・キッシンジャー**や元駐ソ連大使の**アーサー・ハートマン**が名を連ねた。〉（前掲書　39頁）

今度は**キッシンジャー**が出てきました。

「オープン・ロシア財団」とは、要するに「ロシアを開くための財団」なぜロシアを開くのかというと、独裁国家で閉じられているからでしょう。つまり、「プーチンを追放し、ロシアを開こう」と。

●アメリカ・ネオコンも反プーチンに

イギリスとのつながりを確保したホドルコフスキーは、覇権国家アメリカに渡ります。

ブッシュ政権内の人脈づくりをするためです。

そして、短期間でかなりの成功を収めました。

〈ニューヨークのウォール街とロンドンのシティで売れっ子になったホドルコフスキーは、ブッシュ政権内の人脈を着々と固めた。03年6月には**ディック・チェイニー副大統領**と肩を並べてアメリカン・エンタープライズ研究所の世界フォーラムに参加する。

チェイニーら一五人が集ったコロラド州の夕食会には、ロシア人として唯一人加わった。ローラ・ブッシュ大統領夫人が議会図書館で開いたレセプションでは、**コンドリーザ・ライス米大統領補佐官**と席を共にした。ロシア人で招待されたのはホドルコフスキーだけだった。〉(前掲書40〜41頁)

ホドルコフスキーは、自分の身を守るために、覇権国家のアメリカの同業エクソンモービル、シェブロンテキサコに、ユコスを売却する決意を固めていました。

〈ユーコスとシブネフチが03年春、合併で合意したと発表したのだ。シブネフチのオーナーは、亡命したベレゾフスキーからアブラモビッチが引き継いでいる。03年内とされる合併が実現すれば、石油生産量で世界4位のロシア版メジャーが誕生する。これほどの巨大企業が生まれれば、プーチン政権はますます経営に口を挟みにくくなると予想された。〉(前掲書　41頁)

これだけでも驚きですが、さらに仰天情報が入ってきます。

〈追い討ちをかけるように、ユーコスと米メジャーのシェブロンテキサコ、エクソンモービルとの間で、ユーコス単独ないし合併会社「ユーコスシブネフチ」への出資交渉が進んでいることも明らかになった。出資比率は25％＋1株とも40％とも報じられた。〉（前掲書　41頁）

ロシアには、石油と天然ガスしかない。ホドルコフスキーは、まずロシア最大手のユコスと、アブラモービッチのシブネフチを統合。さらに、それをアメリカ企業に売却しようとしていた。

プーチンから見れば、「**国賊め！**」という思いでしょう。

〈米メジャーが法的に拒否権を持つ形でユーコスに入ってくると、事実上、**米国務省と国防総省がユーコスの後ろ盾につく**ことを意味する。ロシア最大級の石油会社が治外法権の領域に逃げ去ることに、政権の武力機関派は激しい衝撃を受けたに違いない。〉（前掲書　41頁）

このように、ホドルコフスキーは**世界の支配者たちとつながることで、自分の身を守ろうとしました。**

裏事情を知る人たちは、「**プーチンは、世界の支配者たちと戦うのだろうか？**」とドキドキしながら、ことの推移を見守っていました。

そして、**2003年10月25日、ホドルコフスキーは脱税などの容疑で逮捕されました。**

私たちは、「**プーチンは本気で世界の支配者たちと戦うつもりだ**」ということを知ったのです。

それは、**米ロ新冷戦時代の幕開け**でもありました。


ホドルコフスキーのその後について少し触れておきましょう。

彼は、２００３年から２０１３年12月まで、ロシアの刑務所にいました。

出所後、ロンドンに移住。

そして、現在も元気に「反プーチン活動」を続けています。

YouTubeチャンネルの運営も行っていて、２０２３年7月時点で、登録者数は一二二万人でした（https://www.youtube.com/@khodorkovskyru/videos）。

●バラ革命はアメリカの復讐

既述のように、ホドルコフスキーが逮捕されたのは２００３年10月です。

アメリカは、「ロシアの石油最大手を確保する」という野望を、プーチンに阻止されました。

その後アメリカは、何のアクションも起こさなかったのでしょうか？

翌月、つまり２００３年11月、プーチンが「ロシアの勢力圏」と考える旧ソ連のグルジア（現・ジョージア）で革命が起こりました（バラ革命）。

どうもこの革命は、「アメリカが画策した」ようなのです。

「トンデモ、トンデモ、トンデモ〜〜！」

そんなあなたの叫びが聞こえてきそうです。

少し詳しくお話ししましょう。

革命工作に加わった男の一人に、世界的投資家ジョージ・ソロスがいました。

ソロスは、2000年初めにグルジアを訪問。

「オープン・ソサエティ財団」の支部を開設しました。

この財団は、のちに反政府系NGOを支援したため、グルジアのシェワルナゼ（グルジア第二代大統領〔1995年11月〜2003年11月〕）は、ソロスと財団を強く非難しています。


『時事通信』2003年12月1日付。

〈グルジア政変の陰にソロス氏？＝シェワルナゼ前大統領が主張
【モスクワ1日時事】グルジアのシェワルナゼ前大統領は、一一月三〇日放映のロシア公共テレビの討論番組に参加し、グルジアの政変が米国の著名な投資家、**ジョージ・ソロス氏によって仕組まれた**と名指しで非難した。ソロス氏は、旧ソ連諸国各地に民主化支援の財団を設置、シェワルナゼ前政権に対しても批判を繰り返していた。〉

さて、野党「国民運動」のリーダーで、バラ革命を主導したサアカシビリは、どんな男なのでしょうか？

１９６７年生まれの彼は、革命を起こしたとき、36歳の若さでした。

コロンビア大学とジョージワシントン大学を卒業した、バリバリの親米派。

２０００年９月からシェワルナゼ政権の法相を務めていましたが、「政権の腐敗振りに失望した！」とわずか１年で辞任しています。

その後の革命までの動きを追ってみましょう。

ソロスの財団は、反政府系ＮＧＯ、ＮＰＯを支援し、着実に基盤を拡大していきました。

２００３年７月、アメリカからベーカー元国務長官がグルジアにやってきます。

ソ連最後の外相だったシェワルナゼとベーカーは、ともに米ソ冷戦を終結させた歴史的人物で、親友でもありました。

ベーカーは言います。

「11月の議会選挙は公正にやったほうがいい。不正があるとアメリカはあなたを支援しなくなる。野党と一緒に選挙管理委員会をつくりなさい」

これに関連して、『読売新聞』２００３年11月23日付。

〈グルジアでの政府と野党の対立は、野党が実力行使で議会を占拠するという最悪の事態に発展した。（中略）本来、シェワルナゼ政権は、北大西洋条約機構（ＮＡＴＯ）入りの意向を鮮明にするなど、親米欧の路線を取る一方、チェチェン問題などをめぐってはロシアと対立を繰り返してきた。

ゴルバチョフ旧ソ連政権時代に、「新思考外交」を推進したシェワルナゼ氏の胸中には、いまだに米欧には「冷戦終結の立役者」の自分に対する感謝の念と、支援の感情があるとの確信があったからだと言われる。

だが今年夏、米特使としてトビリシを訪問したジェームズ・ベーカー元国務長官は、シェワルナゼ氏のおひざ元で、今回の反政府行動を主導したサアカシュビリ元法相ら野党指導者と会談し、既に「ポスト・シェワルナゼ」に視線を移していることを露骨に示した。

ともに冷戦終結を主導した旧友としてベーカー氏を信頼していたシェワルナゼ大統領は、内心強い衝撃を受けたと言われる。

政変の帰結を予測するのは困難だが、決定的な要因の１つが米国にあることは衆目の一致するところだ。〉

ご覧のように、日本の新聞最大手の読売新聞も、グルジア革命の「決定的要因はアメリカだ！」としています。

さて、野党勢力は選挙前、「アメリカに選挙を監視してもらう」と主張します。

シェワルナゼもしぶしぶ同意。

アメリカも、もちろん「ＯＫ！」ということになった。

そして、アメリカの民間調査会社が、出口調査を担当することになったのです。

２００３年11月２日の選挙投票後、政府選挙管理委員会の発表内容は、アメリカによる出口調査と違っていました。

そのことが報道されると同時に野党側は大々的なデモを展開し、シェワルナゼを辞任に追い込んだのです。

どうでしょう？

これは、どう見ても「出来レース」ではないですか？

このデモについて、シェワルナゼは言います。


『朝日新聞』２００３年11月29日付。

〈「混乱の背景に外国情報機関」シェワルナゼ前大統領と会見
野党勢力の大規模デモで辞任に追い込まれたグルジアのシェワルナゼ前大統領は28日、首都トビリシ市内の私邸で朝日新聞記者らと会見した。大統領は混乱の背景に外国の情報機関がからんでいたとの見方を示し、グルジア情勢が不安定化を増すことに懸念を表明した。

前大統領は、議会選挙で政府側による不正があったとする野党の抗議行動や混乱がここまで拡大するとは「全く予測しなかった」と語った。抗議行動が3週間で全国規模に広がった理由として、**「外国の情報機関が私の退陣を周到に画策し、野党勢力を支援したからだ」**と述べたが、「外国」がどこかは明確にしなかった。〉

明確にしなくてもわかるでしょう。

その後、グルジアはどうなったのでしょうか？

2003年11月に起こった「バラ革命」直後の2004年1月、大統領選挙でサアカシビリが勝利。

ロシアの勢力圏グルジアに、アメリカ念願の傀儡政権が誕生しました。

●オレンジ革命

プーチンが「ロシアの勢力圏」と考える「旧ソ連国」での革命は続きます。

次に革命が起こったのは、のちにロシアから侵略されることになるウクライナでした。

ウクライナでは、グルジアのバラ革命からほぼ1年後の2004年11月21日、大統領選挙の決選投票が行われました。

候補は、親ロシアのヤヌコビッチ首相と、親欧米のユシチェンコ元首相。

結果は、ヤヌコビッチの勝利でした。

ところが、ここでグルジアの「バラ革命」とまったく同じパターンが繰り返されます。

ユシチェンコ陣営は、「選挙に不正があった」とし、再選挙を要求。

「欧州安全保障協力機構（ＯＳＣＥ）」「アメリカ共和党国際研究所（ＩＲＩ）」などが、いっせいに「ウクライナ政府は、選挙で不正を行った！」と発表します。

そしてバラ革命同様、デモはどんどん大規模になっていきました。

オレンジ色の旗、オレンジ色のマフラー、オレンジ色のテント。

親米ユシチェンコを支持するオレンジ色の大群衆とデモは、世界の人々に強い印象を与えました。

国民、欧州、アメリカから圧力をかけられた当時のクチマ大統領は、再選挙に同意します。

再選挙は２００４年12月に実施され、ユシチェンコが52％の得票率で勝利します。

この一連の政変は「オレンジ革命」と呼ばれています。

●チューリップ革命

プーチンが「勢力圏」と考える旧ソ連諸国での革命は終わりません。

今度は、中央アジア、キルギスで起こりました。

キルギスでは、2005年3月、議会選挙の決選投票が行われました。

そして、現職アカエフ大統領の与党「進めキルギス」が圧勝します。

その後、グルジアの「バラ革命」、ウクライナの「オレンジ革命」とまったく同じパターンが繰り返されることになりました。

選挙後、野党がデモを起こします。

要求は、「選挙のやり直し」と「大統領辞任」

しかし大統領のアカエフは、グルジアやウクライナで起こったこと、そして野党のバックにアメリカがいることを知っていました。

それで、「絶対勝てない」と判断し、ロシアに逃亡したのです（彼はプーチンに保護され、モスクワ郊外に住むことを許されました）。

その結果、野党の指導者バキエフ元首相が、大統領代行兼首相に就任。

彼は2005年7月の選挙で勝利し、大統領に就任しました。

この政変は「チューリップ革命」と呼ばれています。

この革命について、失脚したアカエフ元大統領が、興味深い発言をしています。

『時事通信』2005年4月7日付。

タイトルは、「**キルギス革命、米機関が暗躍**＝邦人拉致事件で身代金を否定─アカエフ氏」

ここには、モスクワに逃げてきたアカエフのインタビューが載っています。
アカエフは、言います。

〈「政変では米国の機関が重要な役割を果たした。半年前から米国の主導で『チューリップ革命』が周到に準備されていた」〉

〈「彼らは野党勢力を訓練・支援し、旧ユーゴスラビア、グルジア、ウクライナに続く革命を画策した」〉（同前）

アカエフは、グルジア、ウクライナばかりでなく、旧ユーゴスラビアの政変もアメリカの仕業だと発言していたのです。

●止まった「革命ドミノ現象」

2003年11月グルジア、2004年12月ウクライナ、2005年3月キルギス——アメリカの革命は続いてきました。

このあとも、旧ソ連諸国における混乱は続きます。

まず、キルギス革命の2ヶ月後の2005年5月、同国の隣国ウズベキスタンで、大規模な暴動が発生しました。

カリモフ大統領は、この暴動を武力で容赦なく鎮圧しています。

「キルギスの二の舞にはなりたくない」ということでしょう。

この暴動の背後にアメリカはいたのでしょうか?

証拠はありません。

しかし、カリモフ大統領は、「アメリカがいる」とみていたのでしょう。

というのも、この暴動後、彼の態度が明らかに変わったからです。

カリモフ大統領は2005年7月30日、アメリカに対し、**2001年のアフガン攻撃時から駐留していた米軍の180日以内の撤退を、正式に要求しました。**


2006年3月19日、ロシア西隣の旧ソ連諸国ベラルーシで、大統領選挙が実施されました。

結果は、現職の大統領ルカシェンコが得票率83%で圧勝。2位、野党統一候補のミリンケビッチはわずか6%で惨敗します。

アメリカ、欧州、野党は、「革命マニュアル」どおりに動きました。

野党勢力のリーダー、ミリンケビッチは、ルカシェンコの当選を「非合法」と非難。

そして、民衆にデモへの参加を、そして政権には「選挙のやり直し」を求めます。

それにあわせて、欧米から支援の声が寄せられました。

欧州安全保障協力機構（ＯＳＣＥ）の選挙監視団は翌3月20日、選挙キャンペーンなどの面で野党側に「均等な機会が与えられなかった」と不公正さを指摘。

欧州連合（ＥＵ）議長国オーストリアのプラスニク外相は同日、今回の選挙について「野党の活動が妨害された」と語り、ブリュッセルでのＥＵ外相理事会で制裁を含む対応を協議することを明らかにしました。

アメリカ国務省のマコーマック報道官も同日、「選挙結果を合法的なものとして受け入れることはできない」「再選挙実施を求める野党側の動きを支持する」と断言。

ベラルーシへの経済制裁を発表します。

マクレラン大統領報道官も、「アメリカは選挙結果を認めない。選挙運動で脅しや拘束などの不正があった」とルカシェンコを厳しく非難。

野党陣営が求めている大統領選のやり直しを「アメリカは支持する」と語りました。

しかし、グルジア、ウクライナ、キルギスの革命から教訓を得ていたルカシェンコ大統領は、ひるみませんでした。

『共同通信』２００6年3月22日付は、デモの様子を、こう書いています。

〈手弁当の野党集会に限界も　ベラルーシ、参加者じり貧

ルカシェンコ大統領が3選を決めたベラルーシで、野党陣営は21日夜も首都ミンスク中心部の広場で3日目となる抗議集会を開催した。だが参加人数は三〇〇〇人で、日を追うごとに減少。野党はウクライナのオレンジ革命再現を狙うが、国民を挙げた機運につなげるには限界がありそうだ。〉

結局、野党のリーダー、ミリンケビッチは3月25日、デモの中止を宣言。ベラルーシの革命は阻止されました。

●プーチン、中ロ同盟を決断

2003年の「ユコス事件」と「グルジア・バラ革命」、2004年の「ウクライナ・オレンジ革命」、2005年の「キルギス・チューリップ革命」

これらの出来事で、プーチンは決定的に「反米」になりました。

彼は、元々反米でした。

ソ連時代、学校では、「アメリカは悪の資本主義の総本山」と教わってきた。

プーチンは、「アメリカを打倒するための機関」KGBに就職し、その後継機関FSBの長官にまで昇りつめた。

そして、大統領になったあとに起こった数々の事件。

プーチンは、子供のころから繰り返し聞かされ、刷り込まれてきた「真実」を再確認したことでしょう。

「真実」とは、「**アメリカが諸悪の根源である**」ということ。

これは、いわゆる「**アメリカ陰謀論**」でしょう。

私がモスクワに28年住んでわかったのは、「ロシア人にはアメリカ陰謀論者が驚くほど多い」ということです。

年齢が上になるほど、「アメリカ陰謀論者」の比率は上がっていきます。

ソ連時代の「反米教育」が影響しているのでしょう。

プーチンが「勢力圏」と考える「旧ソ連諸国」

そこで起こる「革命ドミノ現象」

その背後には、プーチンを打倒したいアメリカがいる。

プーチンは、「**アメリカと戦うしかない**」と決意したに違いありません。

そして、ある「**大戦略的決断**」を下します。

それが、「**中国との（事実上の）同盟**」です。

●「中ロ同盟」

この言葉を聞いて、いまなら誰でも、「中ロ同盟あるよね」と納得できるでしょう。

中国は、ロシアのウクライナ侵略を非難していない。

日本や欧米が主導する対ロシア制裁に加わらなかった。

それどころか、ウクライナ侵攻後、欧州が買わなくなったロシア産原油、天然ガスの輸入を激増させ、ロシア経済を救っている。

いまなら、「中ロ同盟」の存在は、誰の目にも明らかです。

しかし、じつを言うと中国とロシアの（事実上の）同盟は、２００５年に成立したのです。

ちなみに、私が２００７年に出版した本のタイトルは、『中国・ロシア同盟がアメリカを滅ぼす日』（草思社）でした。

ロシアが中国と組みたい動機はわかります。


しかし、中国はなぜロシアと組みたかったのでしょうか？

最大の動機は、「**将来アメリカと覇権を争う際、ロシアは強力な同盟国になる**」ということでしょう。

もっと具体的なメリットを挙げれば、「兵器」と「資源」です。

２００５年当時、中国の兵器産業は発展していませんでした。

中国は、ロシアの最新兵器を必要としていたのです。

資源については、さらに重要です。

中国は、石油をおもに中東諸国から輸入しています。

しかし、中東と中国をつなぐ海路は、米軍が支配している。

つまり、アメリカと中国の関係が悪化すれば、アメリカは中国に石油が入らないようにすることができる。

しかし、中国がロシアから輸入する原油を、アメリカが止めることはできないでしょう。

実際、中国はロシアからの原油、天然ガスの輸入を増やしていきました。

2022年2月にウクライナ侵攻が始まると、さらに激増させた。

そしてロシアは現在、サウジアラビアを抜いて、中国最大の原油供給元になっています。


『ロイター』2023年6月20日付。

〈中国、5月のロシア産原油輸入が過去最高　**サウジ産抜く**
［北京 20日 ロイター］―中国税関総署が20日発表した統計によると、5月のロシア産原油輸入が過去最高を記録した。民間製油所が制裁対象のESPO原油とウラル原油を割安価格で購入する動きが続いている。
5月のロシア産原油輸入は971万トン。日量では229万バレルと4月の173万バレルから32・4％増加し、過去最高となった。前年同月比では15・3％増。〉

こうしてプーチンは、中国と同盟することで、アメリカの覇権に挑戦することにしたのです。

●中国＝ロシア同盟の戦略

では、ロシアと中国は、どうやってアメリカの覇権に挑戦していったのでしょうか？

大戦略の柱は、二つです。

一つ目は、「**反米の仲間を増やしていくこと**」です。

別の言葉で、「**同盟戦略**」と言えるでしょう。

プーチンには、どんな仲間がいる（いた）のでしょうか？


最強の仲間だったのは、**フランス、ドイツを中心とする欧州の反米勢力**です。

正確に言えば、アメリカから覇権を欧州に取り戻したいフランスとドイツが、ロシアと中国を取り込んだのです。

第一章を思い出してください。

冷戦が終わり、ソ連の脅威から解放された欧州、とくにフランスとドイツの指導者たちは、「アメリカから覇権を取り戻そう」と考えた。

彼らは、二つの戦略でアメリカの覇権に挑戦しました。

一つは、ＥＵを東方に拡大していくこと。

もう一つは、ユーロを基軸通貨化させていくこと。

そのために彼らは２０００年、イラクのフセイン大統領に、原油の決済通貨をドルからユーロに替えさせました。

それがきっかけで、イラク戦争が起こったという話でした。

ユーロを基軸通貨化させたいフランス、ドイツは、イラク戦争に反対。

そして、ロシアと中国もイラク戦争に反対しました。

フランス、ロシア、中国は、国連安保理で拒否権をもつ常任理事国です。

常任理事国３国がイラク戦争に反対しました。

仕方なく、ブッシュ政権は、国連安保理を無視してイラク戦争を開始した。

それで、アメリカの評判は失墜したのです。

２００２年から２００３年にかけて、イラク戦争に反対するフランス、ドイツ、ロシア、中国の連帯が生まれました。

この4国は、「**アメリカ一極世界**」**に反対し、**「**多極世界**」**の構築を目指した**のです。

この勢力を「**多極主義陣営**」と呼びます。

ちなみに、私が２００７年に出版した本、『中国・ロシア同盟がアメリカを滅ぼす日』には副題があり、「**一極主義vs多極主義**」です。

当時、**事実上のフランス、ドイツ、ロシア、中国同盟がありました。**

地図で見ると、「ものすごい」ことです。

「**最強のランドパワー同盟**」と言えるでしょう。

「多極主義」というビジョンは、世界にとってじつに魅力的な響きをもっていました。

というのも、多くの国、とくに地域の大国群は、「アメリカの支配下にいたくない」と考えているからです。

しかも、冷戦後唯一の超大国になったアメリカは、自ら作った国際法を無視して、他国（イラク）に侵攻している。

当時、多極主義陣営には、確かに大義があり、勢いもあったのです。

この多極主義陣営を率いていたのは、フランスのシラク大統領とドイツのシュレーダー首相でした。

しかし、シュレーダー首相は、2005年に辞任。

アメリカ、中国、ロシアと良好な関係を築くメルケル首相の時代が訪れました。

シラク大統領は、2007年に辞任。

親米サルコジ政権が誕生します。

シラクとシュレーダーが反米の主人公だったのは、イラク戦争が勃発した2003年まででした。

その後、ユコス事件、グルジア・バラ革命、ウクライナ・オレンジ革命、キルギス・チューリップ革命などが起こり、反米闘争の主人公はプーチンになったのです。


ロシアと中国の**第二の仲間は「上海協力機構（SCO）」**です。

SCOは、2001年に設立されています。

当時のメンバーは、ロシア、中国、カザフスタン、ウズベキスタン、キルギス、タジキスタンでした。

ロシア、中国以外は、いずれも中央アジアの旧ソ連国です。

プーチンは、事実上の中ロ同盟が成立した2005年、「SCOを反米の砦《とりで》にする」と決意したのでしょう。

2007年、初めてSCO加盟6ヶ国による合同軍事演習が実施されました。

2015年、インド、パキスタンが加盟。

すでに世界人口1位、そして近い将来経済・軍事超大国になることが確実なインドが加盟したことは、SCOにとって重要な出来事でした。

2023年、イランが加盟国になりました。

現在、SCOの加盟国は9ヶ国。

数は多くはありませんが、大国ロシア、中国、インドがいることで、アメリカにとって侮れない勢力になっています。

そして、オブザーバーとして、モンゴル、ベラルーシ、アフガニスタン。

対話パートナーとして、スリランカ、トルコ、アゼルバイジャン、アルメニア、カンボジア、ネパール、エジプト、カタール、サウジアラビアがいます。

オブザーバー、対話パートナーが正式加盟国になると、ＳＣＯは巨大勢力になれそうです。

ロシアと中国の**第三の仲間は**「**BRICS**」です。

ＢＲＩＣＳは、ブラジル、ロシア、インド、中国、南アフリカの頭文字です。

２００９年、ブラジル、ロシア、インド、中国による初めての首脳会議が開かれました。

そして、２０１１年から南アフリカが参加するようになりました。

ＢＲＩＣＳも、なかなか強力です。

ロシア、インド、中国は、誰もが認める大国。

ブラジルは、南米一の大国。

南アフリカは、アフリカ経済の牽引《けんいん》役で、アフリカ唯一のG20参加国。

そして、アフリカでもっとも工業化が進んでいる国として知られています。

プーチンは、ＢＲＩＣＳを「反米の砦化しよう」と画策し、かなり成功したと言えるでしょう。

そして、2024年1月から、エジプト、エチオピア、イラン、サウジアラビア、アラブ首長国連邦が、BRICSの正式加盟国になることが決まっています。

プーチンは2005年から、中国との関係を軸に、SCO、BRICSの影響力を拡大させてきました。

その目的は、「アメリカ一極世界」を崩壊させ、「多極世界」をつくり、ロシアも「一つの極」になることでした。

●ドル基軸通貨体制への挑戦

アメリカに挑むプーチンの大戦略の二つ目の柱は、「**ドル体制への攻撃**」です。

2006年5月10日、プーチンは年次教書演説の中で驚くべき発言をしています。

「石油などわれわれの輸出品は、世界市場で取引されており、ルーブルで決済されるべきだ」

「ロシア国内に石油、ガス、その他商品の取引所を組織する必要がある」

取引通貨はもちろんルーブル。

皆さん、「アメリカを没落させる方法」を思い出してください。

ドルが基軸通貨でなくなれば、アメリカは没落する。

ドルを基軸通貨でなくすには、使用量を減らせばいい。

当時原油生産量世界一だったロシアが、ルーブルで石油を売りはじめたら？

もちろんドルの使用量は、減ります。

フセインは２０００年11月、石油の決済通貨をドルからユーロにし、アメリカから攻撃されました。

プーチンは、フセインと同じ決断をしたのです。

しかも、イラクとロシアでは世界に与えるインパクトが全然違います。

そもそも、プーチンはアメリカのアキレス腱を知っていて、「ドルの使用量を徐々に減らす」方針を取ってきました。

ロシア中央銀行は２００６年6月、「外貨準備に占めるドルの割合をこれまでの70％から50％に下げる」と発表。そして、ユーロを40％まで引き上げたのです。

ロシア中央銀行のイグナチエフ総裁は、外貨準備の中に円やポンドを加え、ドル離れをさらに加速させる方針を示しています。

また、当時第一副首相だったメドベージェフ（のちの大統領、首相）は２００６年6月、「アメリカの双子の赤字から生じるリスクを低減するため、各国は準備通貨としてのドルへの依存を減らすべきだ」と提言しました。

プーチンは、言葉で脅すだけでなく、すぐ行動に移します。

2006年6月8日、ロシア取引システムRTSで、初のルーブル建てロシア原油の先物取引が開始されました。

プーチンの野望はとどまるところを知りません。

第一章でも触れましたが、2007年6月10日、サンクトペテルブルクの国際経済フォーラムで、**「ルーブルを世界的な基軸通貨にする」**と宣言しました。

いまとなっては想像もできませんが、2007年のプーチンとロシアには、そのくらい勢いがあったということでしょう。

プーチンは、自国のドル離れを進めただけではありません。

外国の首脳に会うたび、「アメリカを打倒するためにドルの使用を減らそう」「貿易は、ドルではなく自国通貨を使うようにしよう」と提案しつづけていきました。

アメリカを没落させたければ、ドルを基軸通貨でなくせばいい。

ドルを基軸通貨でなくすためには、ドルの使用量を減らせばいい。

プーチンは、欧州のエリートから教わった「アメリカ打倒マニュアル」を世界に拡散していったのです。

それで、第一章で触れたように、イランが原油のドル決済をやめたり、湾岸協力会議、南米共同体、東アフリカ共同体が「共通通貨創設」を検討しはじめたのでしょう。

●プーチン神話の誕生

2022年2月24日、ロシアはウクライナへの侵攻を開始しました。

しばらくすると、この件でたくさんの質問が寄せられるようになりました。

たとえば、「プーチンが一方的にウクライナを侵略したことは明らかです。しかし、日本には

そんなプーチンを擁護する人たちがいます。彼らはプーチンについて、『**悪のグローバリスト、国際金融資本**』**（あるいは**『**ディープステイト**』**）と戦う、**『**ナショナリストの英雄だ**』などと主張しています。一体どういうことなのでしょうか？」といった質問です。

このように聞かれると、私は、「プーチンが『**それらしい行動**』**をしてきたから**です」と答えるようにしています。

どういうことでしょうか？

2000年から2008年までのプーチンの戦いを見てみましょう。

彼が2000年に大統領になったとき、ロシアは「七人の新興財閥」に支配されていました。

既述のように、**七人のうち六人が**「**ユダヤ系**」**だった。**

世界に一定数いる「ユダヤ陰謀論者」は、この事実を、「自分たちが正しい証拠だ」ととらえたことでしょう。

プーチンはわずか1年で、ロシアのユダヤ系新興財閥でもっとも影響力のあったベレゾフスキ

ーとグシンスキーを打倒した。

「ユダヤ陰謀論者」は、プーチンのことを「英雄だ！」と思ったことでしょう。

その後、もう一人のユダヤ系新興財閥ホドルコフスキーは、イギリスのジェイコブ・ロスチャイルドと組んで、プーチンに対抗することにしました。

そして、世界には、「ロスチャイルド陰謀論者」もたくさんいます。

プーチンは2003年、「ロスチャイルドがバックにいる」ホドルコフスキーを逮捕させた。

この事実を知った「ロスチャイルド陰謀論者」は、「すごい男が現れた！」と狂喜したことでしょう。

さらに、ホドルコフスキーは、アメリカのブッシュ・ネオコン政権に助けを求めました。

つまり、プーチンは、超大国アメリカのネオコン政権と戦うことになったのです。

ところで、世界には、「アメリカ陰謀論者」がたくさんいます。

日本は戦後、アメリカの「属国」でした。

日本政府はアメリカの言いなりだったため、何か悪いことがあれば「アメリカのせいだ」と考える人が多い。

既述のように、ロシア国民のほとんどは「アメリカ陰謀論者」です。

共産ソ連の時代に「反米教育」が行われていたことと関係があるのでしょう。

そのため、年齢が上になるほど、「アメリカ陰謀論者」の数は増えていきます。

さらに、イラク戦争の影響で、中東の反米意識もかなり強いです。

アメリカは、中東（と北アフリカ）で、イラク戦争だけでなく、「アフガニスタン戦争」「リビア攻撃」「シリア内戦介入」「イラン敵視政策」など、さまざまなことを行っています。

中東にも、比較的親米の国（たとえばサウジアラビア）と比較的反米の国（たとえばイラン、シリアなど）がありますが、民衆は反米が多いようです。

プーチンは、理不尽なイラク戦争を始めた超大国アメリカのネオコン政権と戦っている。

このことは、世界中にいる「アメリカ陰謀論者」を喜ばせたことでしょう。

２００３年、グルジアでバラ革命が起こりました。

この革命で失脚したシェワルナゼ大統領は、革命の背後に国際金融資本、グローバリストのジョージ・ソロスがいたと断言しています。

世界には、「国際金融資本・グローバリスト陰謀論者」もたくさんいます。

その代表的な存在であるソロスと、プーチンは戦うことになった。

「反国際金融資本」「反グローバリスト」の人たちは、プーチンを応援したくなったことでしょう。

というわけで、プーチンは「ユダヤ陰謀論者」「ロスチャイルド陰謀論者」「アメリカ陰謀論者」「国際金融資本・グローバリスト陰謀論者」の〝英雄〟になったのです。

彼らの一部は、プーチンを妄信するようになり、彼が何をしても「正しいことをしているのだ」と確信するようになったのでしょう。

ここまで、2008年から2008年までの「プーチンの戦い」を見てきました。彼の戦いは「戦略的」だったのでしょうか、「戦術的」だったのでしょうか？

善悪論はともかく、私は「**戦略的な戦いをしていた**」と思います。

なぜでしょうか？

いくつか理由があります。

一つ目は、この期間、**ロシア経済が急成長を続けていたこと**です。

もちろん、おもな理由は、原油価格が右肩上がりだったことです。1998年1バレル10ドルだったロシア産原油の価格は、10年後の2008年夏、140ドル台まで高騰していました。

プーチンが大統領に就任する前年の1999年、ロシアのGDPは2096億ドルで世界24位でした。

プーチンが大統領になったあと、ロシア経済は急成長を続け、2008年には世界8位まで浮上しました。この年のGDPは、1兆7791億ドル。ドルベースのGDPは、9年間で何と8倍以上増加しています。

個人でも企業でも、国家でもお金は大事です。

お金のことを「先立つ物」といいますが、経済力がベースになければ、戦いを続けることはできません。

プーチンが「戦略的な戦いをしていた」と思われる二つ目の理由は、彼が「**同盟戦略**」**を採用していた**ことです。

つまり、「**仲間を増やしながら戦っていた**」

思い出してみましょう。

イラク戦争に反対したのは、ロシアだけでなく、フランス、ドイツ、中国です。

既述のように、フランス、ドイツは当時、「アメリカから欧州に覇権を取り戻そう」と考えていた。そして、ドイツ、フランスは、経済力でEU内1位、2位の大国です。

つまり、プーチンは、EUを味方につけていた。

もちろん、「フランス、ドイツが、ロシアを味方につけていた」とも言えますが……。

「アメリカ一極世界」に対抗する「フランス、ドイツ、ロシア、中国」の同盟。

この4国が、「多極主義陣営」の「核」です。

既述のように、これは強力な「ランドパワー同盟」とも呼べるでしょう。

プーチンが「戦略的な戦いをしていた」と思われる三つ目の理由は、彼が「**軍事力を使わなか**

った」ことです。

プーチンの戦略の柱は、「同盟拡大」と「ドル攻撃」でした。

「ドル攻撃」は、アメリカにとって死活問題です。

しかし、世界の人々にとって「ドルが基軸通貨でなければならない」理由はありません。

たとえばアメリカは、「フセインが原油の決済通貨をドルからユーロにしたから、イラクを攻撃することにした」とは公言できません。あまりにも理不尽すぎるからです。

そこでアメリカは、国際社会が受け入れやすいように、「フセインは大量破壊兵器を保有している」「アルカイダを支援している」などの嘘をついて攻撃を開始した。

孫子は、「百回戦って百回勝つのが最善ではない。戦わずして勝つのが最善である」と言っています。

実際、武力を使うのは、最後であるべきでしょう。

プーチンは、「ドル攻撃」を続けていましたが、別の言葉で「武力を使わず戦っていた」のです。

結果、アメリカの覇権は崩壊に向かっていきました。

２００８年９月、「リーマンショック」から始まった「１００年に一度の大不況」で、「アメリカ一極世界」は崩壊したのです。

いいえ、プーチンと仲間たちに「崩壊させられた」と言うべきでしょうか。

このように、戦略的な戦いを続けてきたプーチン。
どこで間違えたのでしょうか？
次章で詳しく考察してみましょう。

第三章

プーチン神話の崩壊

●プーチン最良の引き際はいつだったのか?

2000年から2008年まで、つまり1期目、2期目のプーチンは絶好調でした。

1990年代にロシアを支配していたユダヤ系新興財閥三人に勝利した。

その後、さまざまな勢力と熾烈《しれつ》な戦いを繰りひろげた。

そんななかでも、ロシア経済はずっと急成長を続けていたのです。

2期目が終わる2008年5月、プーチン人気は本物で、彼はほとんどのロシア国民にとって「神の如き存在」になっていました。

私は、1990年から2018年までモスクワに住んでいたので、その当時のプーチンとロシア国民のことをよく覚えています。

私は、「**プーチンは2008年に完全引退しておけばよかった**」と思います。

そうすれば、国民は彼のことを「ソ連崩壊後の混乱からロシアを救った英雄だ」と記憶したでしょう。

ところが、彼は別の決断を下しました。

ロシア憲法は、同じ人物が連続3期大統領職を務めることを禁じています。

プーチンは、憲法を改定しませんでした。

いったん引退し、名目上のナンバー2である首相に就任した。

そして、大統領には、プーチンの忠実な部下であるドミートリー・メドベージェフが就任したのです。

プーチンは首相になりましたが、「4年後に大統領に復帰すること」を最初から決めていました。

権力への強い執着をもちつづけていたのです。

2012年、プーチンは予定どおり大統領に返り咲きました。

しかし、3期目の彼に、1期目、2期目のようなパワーはありませんでした。

経済は低迷し、戦略的失敗を犯した。

そして2022年、ウクライナ侵攻を開始し、戦略的敗北を喫したのです。

プーチンに何が起こったのか、詳しく見ていきましょう。

●メドベージェフ大統領の誕生

2007年末、プーチンは、メドベージェフ第一首相（当時）を後継者に指名しました。

メドベージェフは、当時42歳。

プーチンと同じレニングラード大学法学部を卒業しています。

彼がプーチンと知り合ったのは1990年。

当時プーチンは、サンクトペテルブルク市対外関係委員会の議長でした。

メドベージェフは、この委員会の法律顧問になります。

プーチンは、当時まだ25歳だった彼を信頼し、さまざまな問題について相談しました。

メドベージェフは、１９９３年から１９９９年までイリムパルプ・エンタープライズという林業会社で勤務。

１９９９年末、当時首相だったプーチンにより、大統領府副長官に大抜擢されます。

プーチンが大統領になったあとの２００３年10月、大統領府長官に就任。

プーチン２期目の２００５年11月から、第一副首相。

国家プロジェクトの医療・教育・住宅など社会分野をおもに担当し、着実に実績を上げてきました。

なぜプーチンは、若いメドベージェフを後継者に選んだのでしょうか？

メドベージェフの基盤が「脆弱《ぜいじゃく》」だったからです。

プーチンの後ろには旧ＫＧＢ軍団がいる。

しかし、メドベージェフのバックには誰もいなかった。

あえて言うなら、「メドベージェフのバックにはプーチンがいる」

彼は、プーチンに引き上げられてここまできた。

逆に言えば、「プーチンに従うしか道はない」となります。

２００８年３月２日、大統領選挙が実施されました。

メドベージェフは、得票率70・28％。

2位ジュガーノフ（共産党）の17・72％に4倍近い差をつけて圧勝しました。

●ロシア―グルジア戦争

メドベージェフが正式に大統領に就任したのは、2008年5月です。

プーチンは、首相になりました。

その3ヶ月後、世界を驚愕《きょうがく》させる大事件が起こりました。

ロシアとグルジア（現・ジョージア）が戦争を開始したのです。

皆さん、この戦争について、「悪いロシアが、グルジアに攻めこんだ」と思っていませんか？

じつをいうと、グルジアが先に攻めたのです。

『読売新聞』2008年8月8日付を見てみましょう。

〈グルジアの南オセチヤ進攻に対抗、ロシアも戦車部隊投入
【モスクワ＝瀬口利一】タス通信などによると、グルジア軍が7日夜から8日にかけて、同国からの分離独立を求める南オセチヤ自治州の州都ツヒンバリに進攻し、同自治州で平和維持活動を行うロシア軍司令部や兵舎などを空爆、戦車による砲撃も行った。
ロイター通信などによると、これに対抗して、ロシア軍がトビリシ郊外のグルジア空軍基地を報復空爆し、戦車部隊など地上軍もツヒンバリに向かっている。〉

まず、グルジアが南オセチア自治州の州都ツヒンバリに進攻しました。

その際、ロシア平和維持軍司令部や兵舎を空爆した。戦車による砲撃もした。ロシア軍はこれに報復し、戦争が始まったとはっきり書かれています。

もう少し詳しい経緯をお話ししましょう。

グルジアについては、第二章でも触れました。

ほかの旧ソ連圏の15共和国同様、ソ連崩壊のドサクサにまぎれて独立を果たしました。では、グルジアが進攻した「南オセチア」とは何でしょうか？

南オセチアは、グルジアの一部。「南オセチア自治州」と呼ばれています。

しかし、住民のほとんどはオセチア人で、グルジア人とは違う民族。

じつをいうと、南オセチアも１９９０年4月に主権宣言しています。

つまり、この自治州もソ連末期の混乱に乗じて独立しようと考えた。

ところが、グルジアはこれに反対で、１９９１年1月「グルジア―南オセチア紛争」が勃発します。

１９９２年1月、南オセチアで「独立」に関する住民投票が実施され、92％が独立を支持。

１９９２年6月、新生ロシアの調停により、停戦合意。

同年7月より、双方の合意により、ロシア平和維持部隊が駐留。

つまり、南オセチアは１９９２年以降16年間、事実上「独立状態」にありました。しかし、グルジアも国際社会も南オセチアを独立国家として承認していません。それで、国際法的には、南オセチアはいまだ「グルジアの自治州」という位置づけなのです。

ところが２００８年2月、南オセチアを歓喜させる事件が起こります。

セルビアの自治州コソボが、セルビアの反対を無視して、一方的に独立を宣言したのです。

欧米諸国は、これもセルビアの意向を無視して、勝手に独立を承認した。

客観的に見て、南オセチアとコソボ自治州の立場は、まったく同じです。

それで、南オセチアでは「コソボの独立がＯＫなら、俺たちだって独立できるはずだ！」と盛りあがってきた。

南オセチアは、国連や旧ソ連諸国で「独立承認」を求める運動を開始します。

独立を容認できないグルジアは２００８年8月7日、南オセチアの首都ツヒンバリに進攻。

そのとき、ロシアの平和維持軍にも攻撃をしかけました。

ロシアは当然、反撃を開始し、戦争が始まった。

これがグルジア戦争の真相です。

「グルジアが先に攻撃した」件について。

2003年のクーデター（バラ革命）で失脚したシェワルナゼ元大統領は、この戦争について何と言っているでしょうか？

『産経新聞』2008年8月24日付。

〈―今回、グルジア紛争が起きた原因をどうみるか

「**南オセチア自治州でロシアより先に一か八かの軍事行動を起こしたグルジアのサーカシビリ大統領の誤りだ**。この紛争は起こすべきではなかった」

―その前にロシアの挑発行為はなかったのか

「**南オセチア自治州やロシア側にグルジアに対する挑発行為はなかった。われわれのミスだ。グルジア側が南オセチア自治州に侵攻するという最初の間違いを犯した**。しかし、それに対してロシアは情け容赦なく、かなり攻撃的に応じた。ロシアに主権国家であるグルジアを侵攻する権利はない」〉

シェワルナゼは、「グルジアが最初に攻めた」「ロシア側からの挑発行為はなかった」と断言しています。

それにしても、グルジアのような小国がなぜ大国ロシア軍を攻撃したのでしょうか。

思い出されるのは、グルジアには２００３年の革命で親米サアカシビリ政権が誕生していたことです。

さらに、ユコス事件、グルジア・バラ革命、ウクライナ・オレンジ革命、キルギス・チューリップ革命と激しい米ロ対立が続いていたことです。

だから、グルジアは「アメリカの指示を受けてロシア軍を攻めたのではないか」という疑念が生じます。

しかし、証拠がないので真相はわかりません。

さて、このロシア―グルジア戦争は、その後どうなったのでしょうか？

ロシア軍とグルジア軍は、五日間ほど激しい戦闘を繰り広げましたが、グルジア軍は敗退。南オセチア、アプハジアから撤退します。

8月12日には、欧州連合を代表してフランスが仲介を開始。

8月15日にはグルジアが、8月16日にはロシアが休戦に同意します。

8月26日、**ロシアは南オセチアとアプハジアの独立を承認します**。

ロシアの論理は、「欧米は、セルビアからの独立を宣言したコソボを承認した。だから、ロシアが、グルジアからの独立を宣言している南オセチアとアプハジアの独立を承認してもＯＫだ」というものです。

この決定を、欧米は激しく非難します。

ブッシュ大統領は、南オセチアとアブハジアはグルジアの一部であり、「今後もそうあるべきだ」との声明を発表。「ロシアの行動は緊張を高め、外交交渉を複雑にする」と非難しました。

一方、南オセチアを奪回しようと攻撃し、逆に完全に失ってしまったグルジアのサアカシビリ大統領は、「完全に違法だ！」と激怒しました。

ドイツのシュタインマイヤー外相は、「おそらく冷戦終結後最大、90年代初め以来最大の危機だ」と懸念を表明します。

世界は緊張していました。

しかし、2008年9月15日、「リーマンショック」から「100年に一度の経済危機」が始まりました。

それで、ロシア－グルジア戦争のことは、アッという間に忘れ去られることになったのです。


「ロシア－グルジア戦争」とは何だったのでしょうか？

私は、ユコス事件、グルジア革命、ウクライナ革命、キルギス革命と続いていた米ロ対立の「一つの帰結」だと見ています。

その前には、アメリカと欧州の戦いがありました。

1999年にユーロが誕生。2000年にフセインがイラク原油の決済通貨をドルからユーロに替えた。

この対立の帰結が、2003年に始まったイラク戦争でした。

アメリカは、フセイン政権を打倒し、原油の決済通貨をユーロからドルに戻した。

そして2003年から激化した米ロ対立も、戦争によって一つの帰結を迎えたのです。

●米ロ再起動時代

アメリカとロシアは、2003年から激しい戦いを繰り広げてきました。

しかし、「ロシア—グルジア戦争」「リーマンショック」「100年に一度の大不況」を経て、和解に向かいます。

ちなみに、2003年から2008年までの対立の主役は、ブッシュ大統領とプーチンでした。

既述のようにプーチンは2008年5月、大統領職をいったん引退し、首相になっています。

そして、若いメドベージェフが大統領になりました。

メドベージェフは、極めて親米的な男でした。

フェイスブックやツイッター（現・X）が大好きなのです。

彼は毎日、「今日私は、ツイッターにこんなことを書いた」と自慢するのが日課になっていました。

メドベージェフが大統領になってから3ヶ月後に「ロシア—グルジア戦争」が起こりました。

しかし、元々親米的な彼は、アメリカと和解するのにもってこいの人物だったのです。

一方、アメリカでも「役者の交代」がありました。

２００９年１月、「ネオコン」で戦争ばかりし、なおかつ世界経済危機を引きおこした男、ブッシュは去りました。

代わって大統領に就任したのは、若く、極めてリベラルなオバマでした。

オバマとメドベージェフ。

若い二人が国を率いた時代、米ロ関係は良好になったのです。

オバマが大統領に就任した２００９年１月から、２０１２年５月にプーチンが大統領に返り咲くまでの期間は「**米ロ再起動時代**」と呼ばれています。

なぜアメリカとロシアは、和解したのでしょうか？

２００９年といえば、アメリカもロシアも「１００年に一度の大不況」の真っ最中です。

両国とも、争っている余裕がなかったのでしょう。

そんなとき、ちょうど米ロで指導者が代わった。

それで、「再起動しよう」となった。

簡単に言えば、そういうことです。

さて、メドベージェフは２０１０年６月23日、アメリカを訪問しました。

真っ先に訪れたのは、ＩＴ産業の聖地シリコンバレーです。

なぜ、メドベージェフはシリコンバレーを訪問したのでしょうか？

理由は、ロシアの経済構造にあります。あまりにも石油・ガスへの依存度が高すぎる。

このことは、２００８年からの世界経済危機で完璧に証明されました。

原油価格が１バレル１４０ドル台から30ドル台まで大暴落した。

それで、ロシアのＧＤＰは２００９年、マイナス７・82％だった。

ロシア政府は、「このままではダメだ。ロシア経済を多角化しなければならない」と悟ったのです。

「多角化」のなかでも、もっとも重要なのは「近代化」です。

それでメドベージェフは、モスクワ郊外に「ロシア版シリコンバレー」をつくる構想を発表していました。

とはいえ、本物がどうなっているのか知らなければ、つくりようがありません。

そこで彼は、シリコンバレーを訪れたのです。

ここで、彼は大歓迎を受けました。

アップル創業者のスティーブ・ジョブズから、直接「アイフォーン」をプレゼントしてもらった。

カリフォルニア州知事のシュワルツェネッガーにも会った。そのときメドベージェフは、「I'll

be back!」とターミネーターの真似をし、はしゃいでいました。

この訪問は、メドベージェフにとても強い印象を与えたようです。

言ってみれば、明治政府の使節団が、欧州を訪れたような感じでしょうか。

彼は帰国後、「インターネット」「ブログ」「ツイッター」といった用語を毎日使うようになります。

メドベージェフは、オバマとハンバーガーの店に行きました。


『ロイター』2010年6月25日付。

〈オバマ米大統領、ロシア大統領とハンバーガー店で昼食
【アーリントン（米バージニア州）24日　ロイター】オバマ米大統領は24日、米国を訪問中のロシアのメドベージェフ大統領をハンバーガー店での昼食に招待した。〉

これを見たロシア人は、「アメリカは、外国の大統領にハンバーガーを食わせるほど景気が悪いのか!?」と笑っていましたが……。それでも、メドベージェフも上機嫌でハンバーガーをほおばっていました。

さて、この訪問でメドベージェフは一定の外交成果を上げています。

一番の成果は、オバマから「ロシアの世界貿易機関（ＷＴＯ）加盟を支持する」という約束を取りつけたことです。

ロシア人のなかには、「またアメリカが嘘をついてる」と思った人も多かったのです。

しかし、どうやらアメリカは本気だったらしく、ロシアは２０１１年12月、念願のＷＴＯ入りを果たしています。

●メドベージェフの裏切り

人の幸福は、何によって決まるのでしょうか？

金、学歴、地位、ルックス、配偶者、子供など、要因はいろいろありそうです。

ところで、ハーバード大学は、約七〇〇人を75年にわたって追跡調査しました。

何と75年間も対象者について幸福度の要因について調べたのです。

この研究の結論は、「私たちの幸福と健康を高めてくれるのは**いい人間関係である**」ということでした。

しかも、友人の人数は関係なく、たった一人でも信頼できる人がいるかが重要なのだそうです。

さて、２００８年時点で「神の如き存在」だったプーチン。

彼は、２０１２年大統領に返り咲くことを決めていました。

そこで傀儡《かいらい》大統領に選んだのが、若くて自分の基盤をもたないメドベージェフだった。

それに、20年近く知っているメドベージェフを「**信頼していた**」というのも大きな要因だったでしょう。

ところが、プーチンの「幸福度」を大いに下げる出来事が起こりました。

メドベージェフが裏切ったのです。

どういうことでしょうか？


２０１１年に入ると、「アラブの春」と呼ばれる現象が起こってきました。

まず1月14日、チュニジアを23年間支配したベンアリ大統領が革命により失脚し、サウジアラビアに亡命。

エジプトでは2月11日、統治30年に及んだムバラク政権が打倒されました。

次いで2月15日、42年間カダフィ政権が続くリビアで、反政府デモが始まります。デモは全土に拡大し、どんどん大規模になっていきました。

これに対しカダフィは、容赦なく攻撃します。

戦闘機やヘリコプターを使い、自国民を虐殺したと報じられています（本人は否定）。

3月3日には、第二の都市ベンガジで、カダフィ政権に代わる暫定政権「国民評議会」がつくられます。

以後、リビアは二つの政権が並存することになり、「カダフィ政権」と「国民評議会政権」による「内戦」状態に突入しました。

欧米は「国民評議会」への支持を明確にします。

3月2日には欧州委員会のバローゾ委員長が、3月3日にはオバマが、カダフィの退陣を求めました。

3月11日、フランスのサルコジ大統領が、リビアへの空爆を主張。

以後フランスは、イギリスとともに「リビア攻撃」を主導するようになっていきます。

なぜ、アメリカではなくフランス、イギリスなのでしょうか？

『読売新聞』２０１１年3月21日付。

〈米国は軍事行動の統合指令を担っているが、自らの役割を「限定的」としている。積極介入する仏英には、**リビアの石油利権確保**という国益に加え、国際的な復権という思惑がある。〉

さて、国連安保理は3月17日、リビアへの武力行使を容認する決議案を採択し、「リビア攻撃」にお墨付きを与えます。

「ロシアは、どう動いたのか」ですが、拒否権を使わずに「棄権」しました。

では、常任理事国のロシア（中国も）は、なぜ「拒否権」を使わなかったのでしょうか？

これは、「戦闘機やヘリコプターを使って自国民を大量虐殺している」とされるカダフィが、国際社会で「絶対悪」になっていたからでしょう。

8月24日、カダフィ政権は崩壊。

10月20日には、カダフィが群衆にリンチされ、殺害される衝撃的映像が世界に流れました。


なぜ私はリビアのことを書いてきたのでしょうか？

この戦争について、**プーチンとメドベージェフの意見の対立が明らかになった**のです。


『読売新聞』２０１１年3月23日付。

〈露の大統領×首相…リビアめぐり真っ向対立
【モスクワ＝寺口亮一】リビアに対する英米仏など多国籍軍による空爆の根拠となった国連安保理決議を巡って、ロシアのメドベージェフ大統領とプーチン首相の見解が対立し、「二頭体制」が発足した２００８年以来、「最も激しいやりとり」と注目を集めている。〉

二人の意見はどう異なるのでしょうか？

〈首相は21日、安保理決議を「不完全で欠点がある」「（決議は）中世の十字軍を想起させる」と批判した。一方、大統領は同日、「決議はリビア情勢を反映しており間違いとは思わない」と述べ、「十字軍」との表現についても「文明の衝突につながる表現は容認できない」と批判した。重要な外交政策を巡り2人が公然と争うのは異例。地元メディアでは来年の大統領選をにらんだ動きなのか、単なる見解の相違なのか臆測が飛び交っている。〉（同前）

これを見ると、プーチンが「決議は欠点がある」と言い、メドベージェフが「いや、欠点はない」と否定する。

プーチンは、「十字軍であり、キリスト教とイスラム教の文明の対決だ」と言い、メドベージェフは、「いや、文明の衝突じゃない」と否定する。

ここから、ロシアが国連安保理のリビア決議を「棄権」したのは、プーチンの判断ではなく、メドベージェフの決定だったことがわかります。

この一件から、メドベージェフは、プーチンから離れようとしている、独自路線を歩もうとしていることが明らかになりました。

そして、メドベージェフは、2期目にも言及するようになってきた。

プーチンは、彼をどう見ていたのでしょうか？

「欧米に取り込まれた裏切り者！」と考えたことでしょう。

信頼していた腹心に裏切られたプーチンは、大いに幸福度を下げ、人間不信に拍車がかかったかもしれません。

とはいえ、「国内支持基盤」が弱いメドベージェフ。

プーチンには勝てませんでした。

２０１１年９月25日、プーチンは大統領選への出馬を宣言します。

メドベージェフは首相になることが決まりました。

メドベージェフの敗北について、佐藤優氏は、こんな風に書いています。

『産経新聞』２０１１年９月25日付。

〈露大統領選　権力闘争に敗れたメドベージェフ氏

ロシアのプーチン首相の大統領選出馬が決まった背景には、メドベージェフ大統領の力不足、このままでは国家が崩壊するというプーチン首相と官僚、国会議員ら政治エリートの強い危機意識があった。

メドベージェフ氏は再選への強い意欲を持っていたが、日本や中国をめぐるプーチン氏との戦略の違いから、大統領職を辞さなくてはならない〝包囲網〟を敷かれてしまっていた。〉

佐藤氏の意見に同感です。

「仲良し双頭体制」という一般的な見方とは違い、「権力闘争に敗れたメドベージェフ」という表現が使われていることに注目です。

プーチンは、2012年3月の大統領選挙に勝利し、大統領として戻ってきました。

そして、長くなかった**「米ロ再起動時代」も終わった**のです。

●アメリカによる大規模反プーチンデモ

2011年9月、プーチンが大統領選への出馬を宣言しました。これは、アメリカにとってどうなのでしょうか?

2009年1月からここまで、米ロ関係は良好でした。

既述のように、メドベージェフは「アメリカ好き」です。

それだけでなく、「リビア問題」の件を見てもわかるように、彼は欧米に寄り添う動きをし、プーチンと対立していた。

アメリカとしては、ことごとく逆らうプーチンより、メドベージェフのほうが「御しやすい」でしょう。

しかし、メドベージェフは再選を目指さず、プーチンが大統領選に出馬する。

アメリカ政府がそのことを知ったとき、「何とかプーチンの返り咲きを阻止できないか？」と考えたことでしょう。

そして、何が起こったか。

２０１１年12月4日、ロシアで下院選挙が実施されました。

1位は、プーチンとメドベージェフの「統一ロシア」で得票率49・54％。４５０ある議席のうち、２３８を占めました。

しかし、得票率は前回から約マイナス15％。議席は77減らしました。何とか議席で過半数を確保したものの、「統一ロシア」の「敗北」と言えるでしょう。

一方、野党は議席数を軒並み増やしました。

2位「共産党」は92議席で、前回より35増加。

3位「公正ロシア」は64議席で、前回より26増加。

4位「ロシア自民党」は56議席で、前回より16増加。

そして、旧ソ連諸国でそうであったように、この選挙に「不正があった」とするデモが起こるようになっていきます。

12月10日には、ロシアの50都市以上でデモが行われ、とくに首都モスクワでは約一〇万人が参加しました。これは、ここ20年間で最大規模でした。

このデモについて、プーチンは、「アメリカ国務省の仕業だ！」と非難しています。

『CNN.co.jp』２０１１年12月9日付。

〈ロシアのプーチン首相、デモを扇動と米国を非難

【モスクワ（ＣＮＮ）】ロシアのプーチン首相は8日、先の下院選をめぐる不正疑惑に対する抗議デモを**米国が扇動している**と非難した。クリントン米国務長官は同5日、「選挙のやり方に関する深刻な懸念」があり「しっかりした調査」を求めるとの発言を行っていた。８日、国営テレビに出演したプーチン首相はこのクリントン国務長官の発言が「**米国務省の支援を受けた**」**反政府勢力**に対し、行動を促すシグナルを送ったと非難。また、国内からの批判と外国からの批判は質が異なるとし、ロシアは「外国からの干渉」から身を守らなければならないと述べた。〉

大統領選を前にしてプーチンは、「またアメリカとの戦いが始まる」と決意を固めたことでしょう。

２０１２年3月、大統領選が実施され、63％の得票率でプーチンが圧勝。同年5月、彼は再び大統領に就任したのです。

●ウクライナ革命とクリミア併合

大統領に返り咲いたプーチンは、早速欧米との戦いを開始しました。

最初の戦いの舞台は、シリアでした。

２０１１年に起こった「アラブの春」については、すでに触れました。

この流れで、親ロシア国シリアでも２０１１年、内戦が勃発しました。

ロシアは、アサド現政権を支援しました。

一方、欧米は反アサド派を支援した。

シリア内戦は、欧米とロシアによる「代理戦争」状態になりました。

この戦いでプーチン・ロシアは、アメリカを中心とする欧米勢力に勝利しました。

この原稿を書いている２０２４年１月時点で、アサド大統領は健在です。


次の戦いは、旧ソ連国で、ロシアの西の隣国ウクライナです。

２００４年、ウクライナで起こったいわゆる「オレンジ革命」については、すでに触れました。

その後、ウクライナはどうなったのでしょうか？

じつをいうと、２０１０年の大統領選挙では、親ロシア派のヤヌコビッチが「前回の借り」を返して勝利。念願の大統領に就任しています。

プーチンは大喜びでした。

しかしその後、大統領になったヤヌコビッチは、ロシアと欧米の間を「行ったり来たり」しはじめます。

そして彼は、EUとの関係を強化する貿易・政治協定（いわゆる欧州連合協定）に調印することを宣言しました。

ところが、2013年11月、「事件」が起こります。

ヤヌコビッチはその協定の調印を「ドタキャン」し、EUを驚かせたのです。

直後、プーチンはウクライナに150億ドルの支援と天然ガス価格の値下げを約束しました。

要するに、ヤヌコビッチは、プーチンに口説かれて（脅されて）変心したのでしょう。

これに、親EU派のウクライナ国民（おもに西部の国民）が激怒。

首都キエフで大規模なデモが起こりました。

2014年2月22日、身の危険を感じたヤヌコビッチはキエフを脱出し、ロシアに逃亡。

「革命」によって、親欧米の新政権が誕生しました。

これに激怒したのが、プーチンです。

彼は、「ウクライナ国民の民意で革命が起こった」とは思っていない。

そして、2014年3月18日、ウクライナの「クリミア共和国」と「セヴァストポリ市」をロシアに併合し、世界を驚愕させます。

このときの大演説の中で、プーチンは「クリミア併合」の動機を語っています（朝日新聞のモスクワ特派員〔当時〕関根和弘記者の翻訳があり、２０２３年9月時点で一般人も読むことができます〔http://togetter.com/li/644262〕）。

ウクライナ革命について、

〈「実際、このような政治家たちや権力の中枢にいる人たちを支援する外国スポンサーたちがそのようなもくろみを主導した。」〉

〈外国スポンサーたち〉とは、もちろんアメリカと欧州を指しています。

さらにプーチンは、欧米は他国には「国際法に従うこと」を強要し、一方で自分たちは「国際法」を守らず、「力を行使した」と指摘しています。

〈「国家の主権に対して武力を使い、同盟を組むのが常套手段だ。我々に賛同しないものは、我々の敵だとみなす。攻撃を合法だと装い、国際機関の必要な決議を破り、さまざまな理由で都合が悪くなれば、国連、安保理をすべて無視する。

ユーゴスラビアでもそうだった。１９９９年のことをよく覚えている。自分でも目の当たりにしたが、信じられなかった。欧州の偉大な都市の一つであるベオグラードが数週間のうちに空爆で破壊されたのだ。そしてその後、本当の武力介入が始まったのだ。
果たして安保理決議は、ユーゴスラビアのこの問題について、こんな風に解決しようという内容だったか？
そんなわけはない。そしてアフガニスタン。イラク。リビアではあからさまに国連安保理決議に違反した。飛行禁止区域を守る代わりに空爆が始まったのだ。」〉（同前）
このように、プーチンの意見では、「欧米は国際法を破りまくっている」のだそうです。
そして、ウクライナは？
〈「同じようなシナリオがウクライナでもあった。２００４年の大統領選で必要な候補を押しつぶすため、法的には規定されていない3回目の決選投票が行われた（引用者注：オレンジ革命のこと）。憲法に照らせば、ナンセンスであり、お笑いぐさだ。そして今、用意周到に武装した人たちが投入された。」〉（同前）
プーチンによると、２００４年の「オレンジ革命」は、欧米がやった。

そして、2014年のデモも「欧米が用意周到に投入」した。

〈「我々は根拠を持って次のように推察する。すなわちロシアを抑制しようとする悪名高い政策は、18世紀、19世紀、20世紀にわたって続いてきた。そして今も続いている。

我々は常に追い込まれている。その理由は、我々が独立した立場を取り、それを守り、率直に言い、偽善者ぶらないからだ。しかし、我々の我慢にも限度がある。ウクライナのケースでは、欧米は一線を越え、乱暴で無責任でプロ意識のないことをやった。」〉（同前）

ここでプーチンは、「欧米による『ロシア封じ込め政策』は、18世紀から現在に至るまで続いている」と断言しています。

そして、「ウクライナ革命」は、明白に「欧米がやった」（=〈乱暴で無責任でプロ意識のないこと〉）と主張しているのです。

じつを言うと、オバマ自身も、「**あれはアメリカがやったのだ**」と公言しています。

『ロシアの声』2015年2月3日付。

〈オバマ大統領　ウクライナでの国家クーデターへの米当局の関与ついに認める

昨年2月ウクライナの首都キエフで起きたクーデターの内幕について、オバマ大統領がついに真実を口にした。

恐らく、もう恥じる事は何もないと考える時期が来たのだろう。

CNNのインタビューの中で、オバマ大統領は「米国は、ウクライナにおける権力の移行をやり遂げた」と認めた。

別の言い方をすれば、彼は、ウクライナを極めて困難な状況に導き、多くの犠牲者を生んだ昨年2月の国家クーデターが、米国が直接、組織的技術的に関与した中で実行された事を確認したわけである。

これによりオバマ大統領は、今までなされた米国の政治家や外交官の全ての発言、声明を否定した形になった。

これまで所謂「ユーロマイダン」は、汚職に満ちたヤヌコヴィチ体制に反対する幅広い一般大衆の抗議行動を基盤とした、ウクライナ内部から生まれたものだと美しく説明されてきたからだ。〉

信じることができない人は、「You Tube」で「Obama admits he started Ukraine revolution」を検索してみてください。

これを執筆している時点で、オバマが認めている映像を見ることができました。

●クリミア併合の理由

ところで、「欧米がウクライナで革命を起こしたから、クリミアを併合した」というロジックは、日本人にはなかなか理解できません。

どういうことなのでしょうか？

「クリミア問題」に少し触れておきましょう。

まず、当時ロシア人の90％以上がクリミア併合を支持していました。

この決定でプーチンの支持率はグングン上がり、２０１４年1月には60％だったのが、夏には85％に達しました。

日本人には「理解不能」です。

なぜロシア人は、他国の領土を併合した大統領を支持するのでしょうか？

まず基礎知識として、「クリミアはもともとロシアの領土だった」ことを知っておく必要があるでしょう。

実際クリミアは、１７８３年（エカテリーナ二世時代）ロシアに併合されてから、１９５４年までロシア領でした。

１９５４年からは、ウクライナの管轄になりました。

理由は、独裁者スターリンのあとにソ連書記長になったフルシチョフが、「クリミアの管轄をロシアからウクライナに移す」と決めたからです。

当時フルシチョフの権力基盤は、まだ弱かった。

それで、ウクライナ支配層の支持を得るために、クリミアをプレゼントしたというのです。

しかし、当時は、ロシアもウクライナも同じ「ソ連邦」の一部。

「東京にあった土地が、埼玉県に移った」くらいの感覚で、問題にはなりませんでした。

ところが、ソ連は1991年12月に崩壊。

クリミアは、独立国ウクライナの領土となり、「別の国」になってしまいました。

ロシアも、この現実をいったんは受け入れました。

では、いったいなぜ、プーチンは考えを変え、「クリミア併合」を断行したのでしょうか？

2014年3月18日のプーチン演説を見てみましょう。

2013年11月からウクライナで起こった反政府デモについて、プーチンはこう語っています。

〈「しかし、ウクライナの一連の出来事の背景には、別の目的があった。すなわち、彼らは国家転覆を準備したのであり、権力奪取を計画した。しかも、それだけにとどまろうとしなかった。テロや殺人、略奪を始めた。」
「民族主義者、ネオナチ、ロシア嫌いの人たち、ユダヤ人排斥者が転覆の主要な実行者だった。

彼らは今現在もウクライナにはっきりいるのだ。いわゆる新政権は、言語政策を見直す法案を提出し、少数民族の権利を制限した。」〉

プーチンの意見では、2014年2月の革命で誕生したウクライナ新政権は、「親欧米」であると同時に、「民族主義者」「ネオナチ」「反ロシア」「反ユダヤ」である。

「言語政策を見直す法案」とは、「ロシア語禁止法案」のことです。

そして、過激な民族主義者がクリミアのロシア人の脅威になってきた。

〈「反乱に参加した人によって、弾圧や懲罰的な脅威もすぐに起きた。もちろん、その最初の標的となったのが、ロシア語を話す人が多いクリミアだった。

それに関連してクリミアとセヴァストポリの住民はロシアに自分たちの人権と人生を守るよう要請した。キエフで起きたことをさせないよう要請した。」〉(同前)

ウクライナで、反ロシアの民族主義者が政権についた。

そして、住民の六割が「ロシア系」のクリミアでは、人々が「民族主義者から弾圧されるのではないか?」と恐れた。そして、ロシアに助けを求めてきた。

〈「当然、我々はその要請を断ることはできなかった。クリミアとその住民を悲惨な状況に置き去りにすることはできなかった。何よりも、クリミアの人たちが、自分たちの将来を歴史上初めて自分たちで決める平和で自由な意見表明の条件づくりを助ける必要があった。」〉（同前）

放っておいたら、民族主義者がクリミアのロシア人を虐待するようになる。
だから、助けないわけにはいかない。
これがロシア人の感情を揺さぶり、「介入」は圧倒的に支持されたのです。
「クリミア併合」、一つ目の理由はこれです。
プーチンはこのあと、クリミアを併合した「もう一つの理由」を明らかにしました。

〈「キエフではウクライナがＮＡＴＯに入るという話も出ている。クリミアとセヴァストポリにとってそれは何を意味するか？　ロシアの偉大な軍事都市に、ＮＡＴＯの軍艦が出現することはロシア南部にとって脅威となるだろう。それはつかの間のことではなく、全く具体的な脅威なのだ。」〉（同前）

これが、二つ目の理由です。
クリミア半島のセヴァストポリ市には、ロシア「黒海艦隊」がある。

2014年2月の革命で追放されたヤヌコビッチ大統領は、「親ロシア」

それで、ロシアとウクライナ間で、「2042年まで黒海艦隊はセヴァストポリ市に駐留できる」旨の協定が結ばれています。

ところが、親欧米・新政権が出来た。

プーチンによると、新政権は、欧米、とくにアメリカの傀儡《かいらい》である。

であるならば、新政権は「ロシア黒海艦隊を追い出すだろう」

そして、ロシアの宿敵である「NATO軍」がセヴァストポリ市に駐留するようになる。

これは、ロシアにとって「大いなる脅威」である。

「クリミア併合」二つ目の理由はそういうことなのです。

●クリミア併合は「戦術的大勝利」「戦略的敗北」

クリミア併合。

これは、ロシアの見事な「**戦術的大勝利**」でした。

しかし、併合の理由が何であれ、事実として「**戦略的敗北**」**だった**のです。

なぜでしょうか？

クリミア併合の結果、欧米と日本は、ロシアに経済制裁を科しました。

それで、**ロシア経済は以後、ほとんど成長しなくなった**のです。

まず、プーチンの1期目と2期目、つまり2000年から2008年まで、ロシアのGDPは年平均7%の成長を続けていました。

しかし、2009年は、「100年に一度の大不況」の影響でマイナス7・82%と落ちこんでいます。

とはいえ2010年4・5%、2011年5・07%、2012年4・02%、2013年1・76%と、まあまあな成長を続けています。

大不況の影響がもっとも深刻だった2009年を含めると、2009年から2013年の成長率は年平均1・5%。

2009年を含めないと、2010年から2013年の成長率は年平均3・38%でした。

次にクリミア併合後のGDP成長率を見てみましょう。

2014年0・74%、2015年マイナス1・97%、2016年0・19%、2017年1・83%、2018年2・81%、2019年2・20%、2020年マイナス2・65%、2021年5・62%となっています。

2020年は「新型コロナ大不況」、2021年は「反動好況」ということでしょう。

2014年からウクライナ侵攻の前年2021年までの成長率は、年平均1・09%。

コロナ要因を除外するために２０１４年から２０１９年までを見ると、年平均０・96％になります。

いずれにしても、２０００年代には毎年７％成長を続けていたのが信じられないほどの低迷ぶりです。

クリミア併合は、年７％あった経済成長率を年１％弱まで減らすほど価値のあるものなのでしょうか？

私は、そう思いません。

「もはや経済を成長させることができない！」

この事実が、のちのプーチン暴走の遠因になった気もします。

プーチンは、**「アメリカ一極世界を打倒して多極世界をつくる。そしてロシアがその一極になる」**という目標をもっています。

そして２００８年、**アメリカ一極世界は崩壊した。**

しかし、その後到来したのは**「多極世界」ではなく「米中二極世界」**でした。

ロシアは、世界一の核兵器保有国、原油生産量世界3位、天然ガス生産量世界2位のエネルギー大国、小麦輸出世界1位の食糧大国です。

それでもなぜ一極になれないのかというと、経済力が決定的に米中に劣っているからです。

IMFによると、2022年時点で、アメリカのGDPは25兆4644億ドル、中国は18兆1000億ドル、ロシアは2兆2152億ドル。

ロシアのGDPは、アメリカの11分の1、中国の8分の1にすぎません。

それでも、2000年代のように年7％の成長を続けていれば、「近い将来、一極になれる」という希望もあるでしょう。

しかし、年平均1％の成長率では、国際社会における長期的影響力が衰えていくのは必至です。

プーチンはクリミアを得ましたが、それと引き換えに経済成長を失ったのです。

もう一つ、戦略的敗北についてお話ししましょう。

プーチンは、「ロシアは旧ソ連圏の盟主だ」と考えています。

彼にとって旧ソ連圏は、ロシアの「勢力圏」です。

それで、旧ソ連圏で革命を起こすアメリカを許すことができません。

ところが、ロシア以外の旧ソ連圏の国々はどうでしょうか？

彼らは、ロシアの属国でいつづけたいのでしょうか？

そうではないでしょう。

旧ソ連圏の国々は、「ソ連崩壊で独立国家になったのだから、自由にさせてほしい」と考えている。

さて、ウクライナです。

かつてウクライナは「親ロシア派」と「親欧米派」で真っ二つに分かれていました。

そして、両者の勢力は、ほぼ五分五分だったのです。

なぜそのことがわかるのか？

２００４年の大統領選は、親ロシア派のヤヌコビッチ首相が49％、親欧米派のユシチェンコ元首相が46％でヤヌコビッチが勝利しました。

しかし、「選挙に不正があった！」とする大規模デモが起こった。

そして、再選挙の結果、親欧米派のユシチェンコが52％、親ロシア派のヤヌコビッチが44％で逆転勝利しました。

次にウクライナで大統領選挙が実施されたのは２０１０年です。

この選挙では、親ロシアのヤヌコビッチ元首相が49％、親欧米のティモシェンコ前首相が45％でした。

２００４年のオレンジ革命で大統領になれなかった親ロシア派ヤヌコビッチが、リベンジを果たしたのです。

２００４年、２０１０年の大統領選挙でわかることは、何でしょうか？

ウクライナでは、「親ロシア派と親欧米派の勢力が拮抗していた」ということです。

2014年2月、いわゆる「マイダン革命」で親ロシア派ヤヌコビッチ大統領が失脚。

2014年3月、ロシアはクリミアを併合しました。

2014年5月、ウクライナでは大統領選挙が実施され、親欧米派のポロシェンコ元外相が54%を得票し勝利しました。

2位は、これも親欧米派ティモシェンコ元首相で13%。

親ロシア派のチギプコ元副首相は、5%で5位にとどまりました。

この結果からわかるのは、「クリミア併合でウクライナ国民の対ロシア感情が大いに悪化した」ということです。

これまでは、「親ロシア派と親欧米派の接戦で、どちらが勝つかわからない」のが常態でした。ところが2014年の選挙では、1位も2位も親欧米派になっています。

プーチンは、ウクライナが、欧米ではなくロシアを選ぶことを望んでいました。

2004年、2010年の大統領選の結果を見れば、ウクライナ国民が自発的にロシアを選ぶ可能性もあったのです。

少なくとも「親ロシア派」「親欧米派」の勢力は五分五分でした。

しかし、クリミア併合でウクライナ国民の反ロシア感情が盛りあがり、同国の「親ロシア派勢力」は衰退したのです。

まさにプーチンの「自業自得」です。

これも、「戦略的敗北」の一つと言えるでしょう。

●「シェール革命」とロシア経済の低迷

さて、ロシア経済の復活を妨げていた要因は、クリミア併合後の経済制裁だけではありませんでした。

もう一つの大きな原因は、アメリカで起こった「シェール革命」です。

2001年1月、アメリカ大統領に就任したブッシュには、悩みがありました。

当時、米エネルギー情報局は「アメリカ国内の原油は、2016年に枯渇する」と予測していました。

それで、ブッシュ政権は、世界中の資源確保に奔走していたのです。

ところが、次のオバマ政権時代、シェール革命が起こり、「石油枯渇問題」は解決されてしまったのです。

それどころかアメリカは2017年、サウジアラビア、ロシアを抜いて、世界一の産油国になりました。

天然ガス生産量については、2012年時点で、アメリカがロシアを抜いて世界一になっています。

現在、アメリカは、原油、天然ガス生産量で世界一です。

既述のように、プーチンの1期目、2期目（2000～2008年）、ロシア経済は年平均7%の成長を続けてきました。

そのおもな理由は、原油価格が右肩上がりだったことです。

2008年には、一時1バレル140ドル台まで高騰していました。

ところが、シェール革命が起こり、原油の供給量が激増した。

それで、原油価格が下がってしまったのです。

アメリカ産WTI（ウエスト・テキサス・インターミディエイト。西テキサスで産出される硫黄分が少なくガソリンを多く取り出せる高品質な原油）の価格は2008年、年平均で1バレル99・56ドルでした。

ところが、ロシアがクリミアを併合した翌年の2015年は48・71ドル。

2016年は43・19ドル、2017年は50・91ドル、2018年は64・82ドル、2019年は57・01ドル、2020年は39・31ドルでした。

シェール革命による供給増で、原油価格が長期的低迷時代に入ったのは明らかに思えました。

クリミア併合による、いつ解除されるかわからない経済制裁と、シェール革命による原油価格の下落。

この二つの要因は、経済音痴のプーチンを悩ませたことでしょう。

彼は、どうすればロシア経済を復活させることができるのか、まったくわかりませんでした。

ロシアの状況は、まさに「出口のないトンネルの中にいる」状態です。

どうやってロシア国と国民を導いていけばいいのかわからなくなったプーチンは、ゆっくりと、しかし着実に破滅に向かっていきます。

●プーチンに歩み寄る日本、ドイツ、アメリカ

「クリミア併合」は、ロシアの「戦術的大勝利」ですが、「**戦略的敗北**」でした。

しかし、「**致命的**な戦略的敗北」ではありませんでした。

なぜでしょうか？

いわゆる西側諸国の中に、それぞれの理由で「プーチンと和解したほうがいい」と考える国々があったからです。


まず、ドイツです。

この国では、2005年から2021年まで、メルケル首相が長期政権を維持してきました。

彼女は、何をしたのでしょうか？

ロシアとドイツを直接つなぐ海底ガスパイプライン「ノルドストリーム」の建設です。

ノルドストリームには政治的、経済的理由がありました。

ロシアの天然ガスは、ウクライナを経由するパイプラインで欧州に送られていました。

しかし、２００４年のオレンジ革命で、ウクライナに親欧米政権が誕生した。

その後、ロシアとウクライナは、天然ガス代、トランジット料金でトラブルが発生することがありました。

そのため、両国の争いが原因で、欧州への天然ガス供給が滞る事態が発生したのです。

ドイツとロシアは、「問題の多いウクライナを外して、独露を直接結ぶパイプラインを作ること」で利害が一致しました。

ノルドストリームは、２０１２年に開通。ノルドストリーム２は、２０２１年に完成しています。

とくにノルドストリーム２は、２０１４年のクリミア併合後に完成していることに注目です。

このように、ノルドストリーム建設は、独露の利害が一致していました。

しかし、このプロジェクトは、メルケルの「主義」とも深く関係があったのです。

どういうことでしょうか？

メルケルは、極めてリベラルな人であると同時に理想主義的な人です。

理想主義の対極にあるリアリストは、力（とくに武力）と「バランス・オブ・パワー」（勢力均衡）を重視します。

一方、理想主義者は、国際機関、国際法、**経済の相互依存を強化することで戦争を回避できると考える傾向**がある。

メルケルは、クリミアを併合した〝問題児〟プーチンを「経済の相互依存を強化することで」あるいは「経済的メリットを与えることで」制御できると考えたのでしょう。

彼女は、ドイツがロシアから天然ガスを大量に輸入し、ロシアを大儲《もう》けさせることで、「プーチンをおとなしくさせておくことができる」と考えた。

しかし、プーチンは、理想主義者メルケルの枠に収まる男ではありませんでした。

彼は逆に、「ドイツはロシアへの天然ガス依存度が高すぎる。ロシアがウクライナに侵攻しても強い制裁はできないだろう」と考えるようになったのです。

ちなみにウクライナ侵攻が始まる前年の２０２１年、ドイツの天然ガスのロシア依存度は55％に達していました。

結果的にメルケルの試みは失敗しました。

しかし、メルケル政権時のドイツは、確かにプーチンに歩み寄り、和解のチャンスを与えていたのです。


クリミア併合後、プーチンに歩み寄ったもう一つの国は日本です。

まず安倍総理は、「私の政権で北方領土問題を終わらせる」と決意していました。

しかし、それだけが、プーチンに接近した理由ではありません。

安倍総理は、プーチン・ロシアを「**反中国包囲網**」**に引き入れようとした**のです。

どういうことでしょうか?

まず、中国の動きを知っておく必要があります。

日中関係は、2010年9月の尖閣諸島での中国漁船衝突事件、2012年9月の日本の尖閣諸島国有化によって最悪になっていました。

中国は2012年11月、**ロシアと韓国に**「**反日統一共同戦線**」**構築**を提案しました。

信じられない人もたくさんいると思うので、証拠を挙げておきます。


『ロシアの声』2012年11月15日付。

〈中国の著名な専門家は、中国と同様、日本と領土問題を抱えるロシアと韓国に対し、**反日統一共同戦線を組むことを呼びかけた**。この共同戦線は日本の指導部に対し、第2次世界大戦の結果を認め、近隣諸国への領土要求を退けさせることを目的としている。〉

中国は、ロシアと韓国に〈**反日統一共同戦線**を組むことを呼びかけた。〉とはっきり書かれています。

〈14日モスクワで行われた露中韓の三国による国際会議「東アジアにおける安全保障と協力」で演説にたった中国外務省付属国際問題研究所の郭宪纲《ゴシャンガン》副所長は、こうした考えを明らかにした。郭氏は、日本は近隣諸国との領土問題の先鋭化に意識的に対応し、第2次世界大戦の結果を認めないことを見せ付けたと強調している。

郭氏は対日同盟を組んでいた米国、ソ連、英国、中国が採択した一連の国際的な宣言では、第2次世界大戦後、敗戦国日本の領土は北海道、本州、四国、九州4島に限定されており、こうした理由で日本は南クリル諸島、トクト（竹島）、釣魚諸島（尖閣諸島）のみならず、**沖縄をも要求してはならない**との考えを示した。〉（同前）

ここで郭氏は、「**日本に沖縄の領有権はない**」と断言しています。

〈こう述べる郭氏は、中国、ロシア、韓国による**反日統一共同戦線の創設**を提案している。日本に第2次世界大戦の結果を認めさせ、近隣諸国への領土要求を退ける必要性を認識させるために、この戦線には**米国も引き入れねばならない**。〉（同前）

「反日統一共同戦線」には、〈**米国も引き入れなければならない**〉そうです。

この記事には、中国の対日戦略が明確に記されていました。

つまり、**中国は、アメリカ、ロシア、韓国と「反日統一共同戦線」をつくり、日本から尖閣諸島、沖縄を奪う**。

そのために必要なことは何でしょうか？

日米、日露、日韓関係をそれぞれ破壊し、「反日統一共同戦線」に引き入れる。

対する日本の戦略は、明確です。

日米、日露、日韓関係を改善することで、「反日統一共同戦線」を「無力化させる」ことです。

２０１２年12月、総理に返り咲いた安倍氏は、まさにそのために動いたのです。

安倍総理は２０１５年４月、アメリカ議会で「希望の同盟」演説をし、日米関係を劇的に改善させました。

『読売新聞』２０１５年５月４日付に、オバマ大統領の反応が載っています。

〈オバマ氏も同日、これに応じ、ホワイトハウスのツイッターに「**歴史的な訪問に感謝する。日米関係がこれほど強固であったことはない**」と英語で記した上で、**ローマ字の日本語で「また近**

いうちに」と書き込み、再会に期待を示した。〉

さらに2015年12月、いわゆる「慰安婦合意」によって、日韓関係は一時的にですが、改善されました。

この「慰安婦合意」――多くの人が「合意してもどうせ反故《ほご》にされる」と反対しました。

私は、「韓国だから反故にされる可能性は高い」と思いつつも、この合意を支持しました。

というのも、当時の最重要課題が、「反日統一共同戦線を無力化させること」だったからです。

そして、2016年12月、プーチンが日本を訪問し、日露関係は大いに好転しました。

この訪問について、日本のマスコミは、「北方領土問題」だけにフォーカスして報道していました。

しかし、もっとも重要だったのは、「ロシアを反日統一共同戦線から離脱させ、反中国包囲網に加えること」でした。

「反日統一共同戦線戦略」の存在を知る私たちのほかにも、安倍総理の真の意図を理解している勢力がいました。

中国政府です。

安倍総理の真意を理解している中国政府は、日露接近に激怒したのです。

『時事通信』２０１６年12月16日付。

〈中国国営新華社通信は日ロ会談に関する論評で「**安倍首相はロシアを抱き込み、中国に対する包囲網を強化したい考え**だが、中ロ関係の土台を揺るがすのは難しく、もくろみは期待外れとなる」と反発。

その上で「（安倍氏の）私益だけを求めた自分勝手な外交思考は、日本が隣国からの信頼を得ることを間違いなく困難にする。ただの一方的な妄想だ」と批判した。〉

安倍総理は、日本国内でも、あるいはプーチンにも「反中国包囲網を強化したい」とは言っていません。

しかし、中国は、安倍総理の意図を正しく理解し、批判した。

こうして、安倍総理は、中国の「反日統一共同戦線戦略」を無力化することに成功しました。

ここでお伝えしたいのは、「クリミア併合」のあとも、日本はロシアとプーチンに歩み寄っていたという事実です。

そして、アメリカもクリミア併合後、ロシアへの接近を試みていました。

なぜでしょうか？

きっかけは「ＡＩＩＢ事件」です。

「ＡＩＩＢ」（アジアインフラ投資銀行）は、中国が立ちあげた国際金融機関です。

アメリカは当初、「東アジア、東南アジアの一部の国が参加するだけの小規模なものだろう」と甘く見ていました。

しかし、２０１５年3月12日、いわゆる「ＡＩＩＢ事件」が起こります。

イギリスが、アメリカの制止を無視して、「ＡＩＩＢ」に参加することを決めたのです。

これで、雪崩現象が起こります。

3月16日、**フランス**、**ドイツ**、**イタリア**が参加を発表。

3月26日韓国、**3月28日ロシア**、**ブラジル**、**3月31日エジプト**、**スウェーデンが参加表明。**

フタを開けてみれば、何と世界57ヶ国がＡＩＩＢに参加する。

その中には、アメリカの同盟国、親米国も数多くいる。

たとえば、**イギリス**、**フランス**、**ドイツ**、**イタリア**、**イスラエル**、**オーストラリア**、**韓国**など。

ポイントは、「アメリカと特別な関係」と呼ばれた**イギリス**が、先頭を切って**アメリカを裏切った**ことでした。

『ロイター』２０１５年3月24日付。

〈欧州諸国は今月、いずれも先発者利益を得ようとＡＩＩＢへの参加を表明。**米国の懸念に対抗したかたち**となった。いち早く参加を表明した英国のオズボーン財務相は議会で行った演説で、ＡＩＩＢが英国にもたらす事業機会を強調した。

「われわれは、西側の主要国として初めてＡＩＩＢの創設メンバーに加わることを決定した。新たな国際機関の創設の場に存在すべきだと考えたからだ」と述べた。

この演説の前には、**ルー米財務長官が電話で参加を控えるようオズボーン財務相に求めていた。**〉

アメリカが「ＡＩＩＢに参加するな」と要求し、イギリスは、それを無視したことがはっきりわかります。

これで、ほかの国々は、「アメリカと世界一仲良しのイギリスがＡＩＩＢに入るのなら、私たちも許されるであろう」と判断します。

〈**米国の緊密な同盟国である英国のこの決定を受け、他国の参加ラッシュが始まった。**英国の「抜け駆け」を不満とする独仏伊も相次ぎ参加を表明し、ルクセンブルクとスイスも素早く続いた。〉（同前）

「ＡＩＩＢ事件」は、アメリカの中国観を劇的に変えました。

アメリカと中国は１９７０年代のニクソン＝毛沢東時代、事実上の同盟国になりました。

そして、その後一時期を除いて、基本的に良好な関係を保ってきました。

アメリカは中国に投資し、技術を提供することで、この国を育ててきたのです。

最初は「共通の敵ソ連に対抗するため」であり、ソ連崩壊後は「アメリカが大儲けするため」でした。

アメリカは、「世界一の人口を誇る極貧国」に投資することで、確実に大儲けできる。

一方、中国は、アメリカの金と技術とノウハウで大成長できる。

まさに、米中はＷＩＮ－ＷＩＮ関係だったのです。

しかし、「ＡＩＩＢ事件」で、何かが大きく変わりました。

アメリカは、親米諸国群に「ＡＩＩＢに入るな」と要求した。

中国は、親米諸国群に「ＡＩＩＢに入ってください」と言った。

日本以外の親米諸国群は、ＡＩＩＢに入ることで、「われわれはアメリカではなく中国の言うことに従う」という態度を示したのです。

これは、アメリカの覇権が「風前の灯」であり、中国が「覇権一歩手前まで来ていること」の証明でした。

アメリカは、主敵がクリミアを併合したロシアではなく、中国であることに気がつきます。

それで、ロシアとの和解に動いたのです。


『AFP＝時事』2015年5月13日付。


〈露訪問の米国務長官、ウクライナ停戦履行なら「**制裁解除あり得る**」

【AFP＝時事】米国のジョン・ケリー（John Kerry）国務長官は12日、ロシアを訪問し、ウラジーミル・プーチン（Vladimir Putin）大統領とセルゲイ・ラブロフ（Sergei Lavrov）外相とそれぞれ4時間、合わせて8時間に及ぶ会談を行った。

その後ケリー氏は、ウクライナの不安定な停戦合意が完全に履行されるならばその時点で、欧米がロシアに科している**制裁を解除することもあり得る**という見解を示した。〉

〈**制裁を解除することもあり得る**〉という言葉がケリーから出たことは、多くのロシア人を驚かせました。

そして、アメリカとロシアは、利害が一致する問題から協力を開始します。

それが、イラン核問題。

米ロは協力して、長年の課題だったイラン核問題をアッという間に解決しました。

『毎日新聞』２０１５年7月14日付。

〈〈イラン核交渉〉最終合意　ウラン濃縮制限、経済制裁を解除

【ウィーン和田浩明、田中龍士、坂口裕彦】イラン核問題の包括的解決を目指し、ウィーンで交渉を続けてきた6カ国（米英仏露中独）とイランは14日、「包括的共同行動計画」で最終合意した。

イランのウラン濃縮能力を大幅に制限し、厳しい監視下に置くことで核武装への道を閉ざす一方、対イラン制裁を解除する。〉

「イラン核合意」に、クリミアを併合したロシアが参加していたことに注目です。

●プーチンは、どうすべきだったのか？

このように、日本、ドイツ、アメリカは、それぞれの事情でロシアに接近していました。

ロシアは、どう動くべきだったのでしょうか？

プーチンが「**戦略脳**」**のもち主なら、日本、アメリカの和解の動きに乗ったことでしょう。**

日本とアメリカがロシアとの和解を望んだ理由は、「**中国に対抗するため**」です。

そして、アメリカには、「**勝つためなら、昨日の敵と平気で和解する**」という「**戦略文化**」がある。

たとえば、アメリカは第二次世界大戦中、最大の仮想敵である共産ソ連と同盟関係にありました。

しかし、第二次世界大戦が終わると、昨日まで敵だった日本とドイツ（西ドイツ）と同盟を結び、昨日まで味方だったソ連との冷戦を開始したのです。

そして、それでもソ連が優勢であることがわかると、1970年代初め、昨日まで敵だった中国と和解し、事実上の対ソ連同盟を築きました。

このような歴史を見れば、戦略国家アメリカが、「中国に勝つために、昨日の敵ロシアと組む」というのは、「とてもあり得ること」でした。

そして、実際にアメリカは、ロシアとの和解を願っていたのです。

日本も、アメリカと同じ理由で、ロシアとの和解を望んでいました。

プーチンが、日米首脳との対話を進め、「反中国包囲網に加わる意志」を示せば、クリミアを維持したまま制裁を解除してもらうことも可能だったでしょう。

実際、2015年5月にケリー国務長官がロシアを訪問した際に求めたのは、同年2月に結ばれた、ウクライナ内戦の停戦を定めた「ミンスク合意」を守ることだけでした。

ケリーは、「クリミアをウクライナに返せ」とは一言も言わなかった。

ウクライナにとっては残酷ですが、アメリカは、中国に勝つために、クリミア併合を黙認する準備が出来ていました。

ところが、プーチンは日本やアメリカとの和解に動きませんでした。

たとえば安倍総理は2018年11月14日、シンガポールでプーチンと会談した際、従来の「4島一括返還論」を引っ込め、「2島返還」で交渉を進める方針を打ち出しました。

日本は、ロシアと平和条約を結ぶために、大きな譲歩をする準備があることを示したのです。

しかし、プーチンは、妥協する姿勢を一切見せませんでした。

彼は2019年3月14日、北方領土を返還するためには、「日米同盟を解消する必要がある」と言ったのです。

和解を求めて歩み寄る日本、アメリカ、ドイツに、強気な姿勢を崩さないプーチン。

彼は、和解ではなく、破滅の方向に歩みはじめたのです。

●金正恩に憧れ、暴走しはじめたプーチン

2017年、世界には二人の主人公がいました。

一人は、この年の1月アメリカ大統領に就任したドナルド・トランプです。

もう一人は、北朝鮮の独裁者、金正恩です。

金正恩は2011年に政権についたあと、2013年2月、2016年1月と9月、2017

年９月に核兵器実験を行っています。

そして２０１７年、16回のミサイル実験を行いました。

トランプは２０１７年９月22日、金のことを「チビのロケットマン」と罵りました。

そして、「あちこちにミサイルを発射する狂った男をのさばらせるわけにはいかない」と脅迫めいた言葉を発していたのです。

２０１７年、国際社会は、「アメリカと北朝鮮の戦争が勃発するかもしれない」と恐怖していました。

しかし、皆さんご存じのように戦争は起こらなかった。

それどころか、トランプと金正恩は、２０１８年６月シンガポール、２０１９年２月ベトナム、２０１９年６月韓国と北朝鮮を隔てる板門店で、３回も首脳会談を行ったのです。

トランプと金は、個人的に良好な関係を築きましたが、核兵器問題で実質的な進展は見られませんでした。

このアメリカと北朝鮮の関係を、注意深く見守っている男がいました。

プーチンです。

プーチンは、超大国アメリカと対等に渡りあう金正恩を尊敬しはじめました。

それは、彼の言葉にはっきりと表れています。

『AFP』2018年1月12日付。

〈ロシアのウラジーミル・プーチン（Vladimir Putin）大統領は11日、北朝鮮の金正恩（キム・ジョンウン、Kim Jong-Un）朝鮮労働党委員長について、侮り難い兵器を持った「**成熟した政治家**」**だと称賛した。**〉

〈プーチン大統領は記者団に対し「今回は金正恩氏が勝ったと思う」と述べた上で、「彼は戦略的な課題を達成した。核弾頭を持ち、事実上、世界中どこでも潜在的な敵国の領土に届く射程1万3000キロのミサイルも保有している」と指摘。さらに「**彼は間違いなく有能で、すでに成熟した政治家になっている**」**と称賛した。**〉（同前）

プーチンは、金正恩を「**有能で、成熟した政治家**」と絶賛した。

非常に興味深い事実です。

金正恩の北朝鮮は、核実験、ミサイル実験が原因で、国際的に孤立しています。

北朝鮮は、過酷な経済制裁を科され、経済的にボロボロになっている。

国民の豊かさを示す「一人当たりGDPランキング」で、2022年度韓国は3万3853ドルで世界33位。

一方、北朝鮮は、同国が２０２１年国連に提出した資料によると、１３１６ドルで世界１７７位と推定されます。

韓国と北朝鮮は同じ民族ですが、韓国人の収入は北朝鮮人の約26倍です。

さらに北からは、しばしば食料危機の話も聞こえてくる。

国際的に孤立した極貧国の指導者を「**有能で、成熟した政治家**」と称賛するプーチン。

彼の価値基準が、かなりおかしくなっているのがわかるでしょう。


そしてプーチンは、金正恩のスタイルを、そのままコピーしはじめます。

事件は２０１８年3月1日に起こりました。

この日プーチンは、「年次教書演説」を行いました。

演説の中で彼は、「**アメリカ・フロリダ州を核攻撃するシミュレーション映像**」を公開したのです。

『ＣＮＮ．ｃｏ．ｊｐ』２０１８年3月2日付。
〈「**フロリダ州を核攻撃**」のビデオ、プーチン大統領が演説に使用
ＣＮＮ．ｃｏ．ｊｐ　３／２（金）10：40配信

〈CNN〉ロシアのプーチン大統領は1日に行った演説の中で、**無限射程の核弾頭が、米フロリダ州と思われる場所を狙う**様子をアニメーションで描写したコンセプトビデオを披露した。フロリダ州には米国のトランプ大統領の別荘がある。〉

〈プーチン大統領は演説の中で、極超音速で飛行でき、対空システムも突破できる「無敵」ミサイルを誇示。「ロシアやロシア同盟国に対する核兵器の使用は、どんな攻撃であれ、ロシアに対する核攻撃とみなし、対抗措置として、どのような結果を招こうとも即座に行動に出る」と強調した。プーチン大統領が披露したビデオでは、何発もの核弾頭が、フロリダ州と思われる場所に向けて降下している。〉

プーチンは、金正恩を見習い、アメリカを核で恫喝しはじめたのです。

ロシアはいま、「**大きな北朝鮮**」と揶揄《やゆ》されることがあります。

冗談で使われるこの言葉ですが、じつは現代ロシアを正確に表している「適切な表現」と言えるでしょう。

そして、ロシアの北朝鮮化は、プーチンが金正恩の「成功」に感心した2018年から始まっていたのです。

いました。

●ナワリヌイの告発

世界がトランプと金正恩の暴走に注目している間、ロシアでは非常に重要な出来事が起こっていました。

ここで、アレクセイ・ナワリヌイという男が登場します。

ナワリヌイは１９７６年生まれ。ロシア一の政治系ユーチューバーです。チャンネル登録者数は、２０２３年9月時点で六二六万人。

大きな影響力をもっていた「反汚職基金」（ＦＢＫ）の創設者でもあります。

彼の名を全世界に轟《とどろ》かせたのは、１本の動画でした。

２０１７年3月に投稿した「オン・ヴァム・ニ・ディモン」（彼は、あなたのディモンじゃないよ〔意味は「メドベージェフは、君が思っているほど、いいやつじゃないよ」〕）という動画は、メドベージェフ首相（当時）が複数の超巨大別荘を所有していることを暴露していました。

これまでに、再生回数は４４００万回を超えています。

ロシア語の動画なので、見たのはほとんどロシア人でしょう。

この国の人口は約一億四六〇〇万人なので、ロシア人の約三人に一人が見たことになります。

それで、「真相究明」を求める大規模デモが、ロシア全土で起こってきた。

ロシア政府は、デモ参加者の要求を、徹底的に無視しつづけることで、この危機を乗り切ります。

しかし、国民の多くがプーチン政権に幻滅したことは間違いありません。

プーチンはこの事件で、「ネットメディアのパワー」を実感したのでしょう。

ロシアのテレビは、２０００年代からプーチンの支配下にあります。

テレビで、プーチンの悪口は一切聞かれません。

では、インターネットはどうでしょうか？

プーチンは、ネットの影響力を過小評価していて、かなり自由があったのです。

そして、インターネットは、テレビとは真逆で「反プーチン派の勢力圏」になっていました。

ところが、ナワリヌイのメドベージェフ別荘群暴露動画以降、ネット規制がどんどん厳しくなってきた。

そして、私自身の業務にも支障が出るようになってきました。

結果、私は２０１８年、「日本に完全帰国することを決意した」という流れです。

つまり、ナワリヌイの活動は、間接的に私の生活にも大きな影響を与えたことになります。

こんな流れを見ると、ナワリヌイは「**プーチン最大の敵**」と言っても過言ではありません。

さて、ナワリヌイは２０２０年8月20日、シベリアの都市トムスクからモスクワに向かう旅客機の中で、毒殺されそうになりました。

飛行機は、オムスクに緊急着陸し、ナワリヌイは病院に運ばれた。彼の妻ユリヤは、「ロシアの病院にいると殺される」と思い、ドイツでの治療を求めます。

8月22日朝、ナワリヌイは、オムスクの病院からベルリンに搬送されました。

飛行機は、ドイツのＮＧＯ「シネマ・フォー・ピース財団」が手配したと発表されています。

ドイツでの検査の結果、ナワリヌイ毒殺未遂に使われたのは、**神経剤ノビチョク**であることが判明しました。

ノビチョクは、ソ連が開発した軍事用神経剤。

２０１８年に、ロシアの元二重スパイ・スクリパリと娘のユリヤ殺人未遂事件のときにも使用され、全世界に衝撃を与えました。

ドイツで一命を取りとめたナワリヌイは２０２０年12月14日、「事件は解決された。私は、私を殺そうとしたすべての人を知っている」という動画を公開。

この動画の中で、ナワリヌイは、**実行犯八人の名前と写真を公開**。

そして、「**このグループに殺人の命令を出しているのは、プーチンだ**」と断言しています。

動画の中で明らかにされていますが、犯人捜しをしたのは、ナワリヌイ自身ではありません。

「ベリングキャット」という団体です。

ベリングキャットは２０１４年、イギリスで設立されました。

「ファクト・チェック」と「オープンソース・インテリジェンス」を専門にしている。

そのベリングキャットがナワリヌイに連絡を取り、「君を殺そうとした人たちを見つけた」と話したそうです。

この調査結果は、ドイツの週刊誌『デア・シュピーゲル』、スペインの日刊紙『エル・パイス』、アメリカCNNでも検証されました。

調査の結果、何がわかったのか？

・八人のＦＳＢ諜報員が、３年間ナワリヌイの尾行を続けていた（動画内で、八人の実名と顔写真が公開されている）。
・八人は皆、「化学」あるいは「医学」の教育を受けており、「ただの尾行」ではない。
・彼らは「シグナル科学センター」から化学兵器を受け取り、ナワリヌイ暗殺を試みた。
・八人のグループが、３年間ナワリヌイを追いつづけた。これが、ボルトニコフＦＳＢ局長の許可なしで行われることはない。
・そして、ボルトニコフＦＳＢ局長が、プーチンの許可なしで、この作戦を指示することはあり得ない。
・よって、毒殺指令を出したのは「プーチン自身」である。

以上のような論理構成になっていました。

これに対し、プーチンは２０２０年12月17日の記者会見で、「**毒殺したければ、毒殺しただろう**」と語り、容疑を否認します。

つまり、「**ナワリヌイが生きていることが、私（プーチン）が無関係な証拠だ**」と。

日本人には理解不能ですが、ロシアでは、このロジックが通用します。

ロシア人の多くは、プーチンのこの言葉を聞いて、「確かにそのとおりだ」と思ったのです。

２０２０年12月21日、ナワリヌイは、新たに「私は、殺し屋に電話した、彼は〔犯行を〕認めた」という動画を公開します。

ナワリヌイは、パトルシェフ元ＦＳＢ長官（現・安全保障会議書記）の補佐官マクシム・ウスティーノフと名乗り、実行犯の「容疑者」に電話しました。

そして、「容疑者」クドゥリャフツェフは、飛行機が緊急着陸したオムスクで、ナワリヌイの服を回収し、毒が発見されないように洗ったことを認めたのです。

また、ナワリヌイの下着（パンツ）に毒が塗られたことを認めました（彼自身が毒を塗ったわけではないが、計画を知っていました）。

さらに、クドゥリャフツェフは電話で、「なぜナワリヌイはまだ生きているのか？」という質問に回答しています。

彼は、飛行機が緊急着陸せず、「もう少し長く飛んでいれば」ナワリヌイは死んだだろうと語った。

ナワリヌイが生き延びたもう一つの理由は、緊急着陸したあとにすぐ救急車がかけつけ、適切な治療をしてしまったからだと。

この電話で、プーチンの「毒殺したければ、毒殺しただろう」というロジックが成立しないことになりました。

つまり、FSBは毒殺を試みて、「失敗した」と。

ナワリヌイが2020年12月に投稿した二つの動画は、少なくともネットユーザーに大きな衝撃を与えました。

2021年1月18日、ドイツからロシアに帰国したナワリヌイは空港で逮捕されました。

翌1月19日、ナワリヌイの同志たちは、準備していた動画を公開。

その名は、「プーチンのための宮殿。最大の賄賂の歴史」

簡単に言うと、黒海沿岸にある「プーチンの巨大別荘」に関する動画です。

建設費用は、推定1400億円。

建物以外も含めた総敷地面積は、モナコの39倍だとか。

この動画はものすごいスピードで拡散され、現在までに一億二二〇〇万人が見ています。

ロシア人の「一・二人に一人」が見たことになります。

インターネットを使わない年配の人たち、子供たち以外は「ほとんど見た」と言える数でしょう。


これは、「プーチン神話」に対するもっとも強烈な攻撃でした。

なぜか？

日本人には理解しがたいことですが、ロシア国民の多くは、「プーチンは、真の愛国者で、**クリーンな政治家だ**」と信じていたのです。

メドベージェフの汚職動画を見たあとでも、「周りは腐っているが、プーチンだけは違う」と思っていた。

ところが、この動画を見て、国民たちは「プーチン・クリーン神話」が嘘だったことを悟った。

この時点で「**プーチン神話は崩壊した**」と言えるでしょう。

いままで、ロシア国民の多くは、プーチンに対して「尊敬」「信頼」「愛」といった感情をもっていました（これも、日本人には理解困難ですが）。

ところが、この動画を見てしまったら、これらの感情を抱きつづけることは困難でしょう。

ちなみに「プーチン神話」を破壊したナワリヌイは、２０２４年2月16日、北極圏ヤマロ・ネネツ自治管区の刑務所で獄死しました。

彼の妻ユリアさんは、「プーチンがナワリヌイを殺した」と断言。

ナワリヌイの意志を引き継ぎ、プーチン政権との戦いを続けることを宣言しています。

●ウクライナ侵攻開始1年前のプーチン

プーチンがウクライナ侵攻を開始した1年前までの状況を振り返ってみましょう。

まず2000年から2008年、つまりプーチンの1期目と2期目。

彼は、1990年代にロシアの政治経済を支配していた三人のユダヤ系新興財閥を討伐しました。

三人とは、ベレゾフスキー、グシンスキー、ホドルコフスキーです。

プーチンは2002年から2003年にかけて、アメリカのイラク戦争に反対していました。

彼は当時孤立していません。

フランス、ドイツ、中国とともに、「反イラク戦争運動」を盛り上げていた。

2003年10月、プーチンは、ロシアの石油最大手企業ユコスのトップ、ホドルコフスキーを逮捕させます。

アメリカは当時、ユコスの買収を目指していましたが、プーチンの決断で挫折しました。

このあと、プーチンが「ロシアの勢力圏」と考える「旧ソ連諸国」で次々に革命が起こりました。

2003年グルジアで、2004年ウクライナで、2005年キルギスで。

恐怖したプーチンは2005年、中国と事実上の同盟関係になることを決意。

中国とロシアは、協力して「反ドル運動」を盛りあげていきます。

2008年8月、「ロシア―グルジア戦争」勃発。

2008年9月、アメリカ発「100年に一度の大不況」が始まり、「アメリカ一極世界」が崩壊しました。

ここまでが、一つの流れです。

プーチンは、「アメリカ一極世界崩壊」に大きな役割を果たしたと言えるでしょう。

プーチンの1期目と2期目は、彼の「黄金時代」でした。

まず、ロシア経済は、年平均7％の成長を続けていた。

彼は、いまと同じで戦いばかりしていましたが、仲間は多かった。

ロシア、フランス、ドイツ、中国は、「アメリカ一極主義」に対抗する「多極主義陣営」を構築していました。

プーチンが大統領を引退し首相になった2008年から、彼が大統領に返り咲く2012年までを「米ロ再起動時代」と呼びます。

ロシアでは、「アメリカ大好き男」のメドベージェフが大統領だった。

この時期、米露関係は大いに改善されました。

2012年、プーチンが再び大統領になり、アメリカとの戦いが再開されます。

2014年2月、ウクライナで、アメリカが支援する革命が起こり、親ロシア派のヤヌコビッチ政権が崩壊。

2014年3月、プーチンは、ウクライナからクリミア半島を奪いました。

私は、「クリミア併合」について、「**戦術的大勝利だが、戦略的敗北**」と見ています。

クリミア併合による欧米と日本の経済制裁。アメリカで起こったシェール革命で、エネルギー価格が上がらなくなったこと。

この二つの理由で、ロシア経済は、まったく成長しなくなりました。

2015年3月、「AIIB事件」が起こり、アメリカは中国こそが最大の敵であることを理解した。

それで、ロシアとの和解を模索しはじめます。

しかし、プーチンは、この動きを拒絶しました。

2017年、プーチンは、大暴れする金正恩を尊敬しはじめます。

そして、金正恩のことを「有能で成熟した政治家」と絶賛しました。

2018年、プーチンは、金正恩のごとく、アメリカを核で脅迫しはじめます。

具体的には3月、年次教書演説で、アメリカを核攻撃するシミュレーション映像を流しました。

2020年8月、ナワリヌイ暗殺未遂事件。

生き残ったナワリヌイは回復後、「暗殺未遂事件の黒幕はプーチンである」という内容の動画を投稿しました。

さらに2021年1月、ナワリヌイの同志たちは「プーチンのための宮殿」動画を投稿。

プーチン神話が崩壊します。


こういう流れを見ると、プーチンは常に戦っていることがわかります。

そして、2000年から2008年までは経済が成長し、仲間も多く、有利に戦いを進めていたことがわかります。

しかし、彼が2012年に大統領に返り咲き、2014年にクリミアを併合すると、流れがはっきり変わりました。

制裁と原油価格低迷で、経済成長が止まった。

そして彼には、ロシア経済をどうすれば成長軌道に戻すことができるのかわかりませんでした。

わからなくても、経済を復活させる方法を模索しつづけるべきだったでしょう。

しかし、プーチンは、別の道を選びました。

彼は、金正恩を尊敬し、彼の手法を真似て、アメリカとの対立を激化させていったのです。

さらに、ナワリヌイの動画が広く拡散されたことで、ロシア国内の「プーチン神話」は崩壊しました。

これが、プーチンがウクライナ侵攻を始める1年前の状況です。

第四章 「戦術脳」の悲劇〜プーチンの「戦略的敗北」

この章では、プーチンの「**戦略的敗北**」について書いていきます。

「戦術」と「戦略」の違いを理解していない人は、「プーチンは、そもそも負けていない」と主張するかもしれません。

この章を執筆している時点で、ロシアは、2014年3月に併合したクリミア半島、2022年9月に併合したルガンスク州、ドネツク州、ザポリージャ州、ヘルソン州を実効支配しています。

とはいえ、新しく併合した4州のうち、州全土を支配できているのはルガンスク州だけですが。

「ロシアはウクライナから4州を奪って併合したのだから、ロシアがこの戦争に勝っている」と言うことは可能でしょう。

しかし、私は、それは「**戦術的勝利だ**」と主張しています。

思い出してください。

ロシアは2014年3月、クリミアを鮮やかに奪いました。

これは、明らかに「**戦術的大勝利**」でした。

しかし、既述のように、クリミア併合は「戦略的敗北」だったのです。

なぜかというと、これも既述のように、**経済制裁でロシア経済がほとんど成長しなくなったからです**。

では、ウクライナ侵攻の結果は、どうなのでしょうか？

いくつか挙げておきましょう。

・ロシアは国際的に孤立した。プーチンは、国際的に「戦争犯罪容疑者」に堕ちた。
・プーチンは、NATO拡大を阻止しようとしたが、逆にNATO加盟国は増加した。
・ロシアは、「旧ソ連圏の盟主」の地位を失った。旧ソ連諸国がロシアを見捨てた。
・ロシアは、中国の属国と化した。

それぞれについて詳しく見ていきます。

●国際的に孤立するロシア

2022年3月2日、国連総会緊急特別会合が行われました。

ここで、ロシアによるウクライナ侵攻を非難する決議案が賛成多数で採択されています。

まず賛成した国は、141ヶ国。

国連加盟国が193ヶ国なので、その**73%が「反ロシア」**と言えます。

棄権した国は、35ヶ国。

具体的には、アルジェリア、アンゴラ、アルメニア、バングラデシュ、ボリビア、ブルンジ、中央アフリカ、**中国**、コンゴ、キューバ、エルサルバドル、赤道ギニア、インド、イラン、イラク、カザフスタン、キルギス、ラオス、マダガスカル、マリ、モンゴル、モザンビーク、ナミビア、ニカラグア、パキスタン、セネガル、南アフリカ、南スーダン、スリランカ、スーダン、タジキスタン、ウガンダ、タンザニア、ベトナム、ジンバブエ。

さらに「意思を示さず」という国が12ヶ国ありました。

アゼルバイジャン、ブルキナファソ、エスワティニ、エチオピア、ギニア、ギニア・ビサウ、カメルーン、モロッコ、トーゴ、トルクメニスタン、ウズベキスタン、ベネズエラ。

棄権した35ヶ国と意思を示さなかった12ヶ国、つまり47ヶ国が「中立」と言えます。これは、全加盟国の約24％です。

さて、ロシア非難決議に反対した国は、どこでしょうか？

ベラルーシ、北朝鮮、エリトリア、ロシア、シリアの5ヶ国。

ベラルーシは、ロシアの西隣にあり、「欧州最後の独裁者」ルカシェンコが支配している国です。

北朝鮮は２０１７年、ミサイル実験、核実験を繰り返していました。

そんな北朝鮮を、国連安保理でいつも守ってくれるのが中国、そしてロシアなのです。

シリア。２０１１年からの内戦で、ロシアはアサド大統領派を支持、支援しつづけています。

エリトリアは、サウジアラビアの南、エチオピアの北にある、共産党の一党独裁国家。

ロシア非難に反対した国は、**国連加盟国の中で、わずか２・５％**。

しかも**国際的に孤立している独裁国家ばかり。**

というわけで、「**ロシアは、かなり孤立している**」**と言える**でしょう。

●戦争犯罪容疑者プーチン

２０２３年３月17日、驚くべき出来事がありました。
国際刑事裁判所が**プーチンに逮捕状を出した**のです。

『ＢＢＣ　ＮＥＷＳ　ＪＡＰＡＮ』２０２３年３月18日付。

〈オランダ・ハーグに本部を置く国際刑事裁判所（ＩＣＣ）は17日、ウクライナ侵攻をめぐる戦争犯罪容疑で、ロシアのウラジーミル・**プーチン大統領らに逮捕状を出した。**〉

ところで、国際刑事裁判所とは何でしょうか？
世界最大の国際人権ＮＧＯ「アムネスティ・インターナショナル」のサイトを見てみましょう。

〈国際刑事裁判所（International Criminal Court、略称：ＩＣＣ）は、国境を越えて、各国際機関から独立して、**人権侵害の加害者を裁くことができる**、歴史上初めての「国際的に活動する常設の普遍的な刑事裁判所」です。国家や武装グループ等の集団を裁くことはできず、**加害者個人を裁きます。**〉

ポイントは、〈**人権侵害の加害者を裁くことができる**〉〈**加害者個人を裁きます**〉の部分でしょう。

つまり、「**プーチン個人**」**を裁くことができる。**

そんな国際刑事裁判所が、プーチンに逮捕状を出しました。

どういう容疑なのでしょうか?

再び、『BBC NEWS JAPAN』2023年3月18日付。

〈ICCは、ロシアが占領したウクライナの地域から子どもたちをロシアへと不法に移送しており、プーチン氏にこうした戦争犯罪の責任があるとしている。〉

ロシアがウクライナから子供を連れ去っている。

このことは、日本のメディアも報じていました。

再びアムネスティのホームページを見てみましょう。

〈ICCは、次のような罪を犯した個人を裁くことができます。

『ジェノサイド罪』(集団殺害罪):特定のグループを狙った集団虐殺や集団レイプなど。

『人道に対する罪』：拷問や、**女性や子どもの人身売買、強制失踪《きょうせいしっそう》（注：国家や政治組織により行われる強制的な逮捕や誘拐のこと）など。**

『戦争犯罪』：武力紛争下において罪のない一般市民の殺害、平和維持活動をしている人への攻撃、学校や病院などの軍事目的ではない建物への攻撃など。〉

今回は、**〈強制失踪〉の容疑**なのでしょう。

ちなみに、

〈『戦争犯罪』：武力紛争下において罪のない一般市民の殺害、平和維持活動をしている人への攻撃、学校や病院などの軍事目的ではない建物への攻撃など。〉

でもいけそうですが。

なぜ、「子供の連れ去り」で逮捕状なのでしょうか？

はっきりはわかりませんが、想像はできます。

ロシアは、ウクライナから子供を連れ去っていることを認めています。

そして、ロシア・メディアでは、「ウクライナで保護された」という子供たちが、ロシア領内に連れてこられる映像がたくさん流れています。

ロシア政府は、「**ウクライナの子供たちを救っている**」と主張している。

しかし、国際法的に言うと「強制失踪」にあたる。

「ロシアが子供連れ去りの事実を認め、公言している」ことから、「**罪を証明しやすい**」ということなのでしょう。

そして、ロシア側は、「**これからも子供連れ去りを続ける!**」と宣言しています。


『時事』2023年3月18日付。

〈共に逮捕状を出されたリボワベロワ大統領全権代表（子供の権利担当）は、ICCが問題視したウクライナの占領地からの子供連れ去りは「保護」と主張。「**われわれは仕事を続ける**」と宣言した。〉


国際刑事裁判所に言わせれば、「**ロシアは、これからもウクライナの子供たちを誘拐しつづけると宣言している**」となります。

「国際刑事裁判所がプーチンに逮捕状を出したこと」の「実際的意味」について考えてみましょう。

これで、プーチンは逮捕されるのでしょうか？

その可能性は「極めて低い」と言えるでしょう。

なぜでしょうか？

国際刑事裁判所に参加している国は**123ヶ国**です。

具体的には、アフガニスタン、アルバニア、アンドラ、アンティグア・バーブーダ、アルゼンチン、オーストラリア、オーストリア、バングラデシュ、バルバドス、ベルギー、ベリーズ、ベナン、ボリビア、ボスニア・ヘルツェゴビナ、ボツワナ、**ブラジル**、ブルガリア、ブルキナファソ、カーボベルデ、カンボジア、カナダ、中央アフリカ共和国、チャド、チリ、コロンビア、コモロ、コンゴ共和国、クック諸島、コスタリカ、コートジボアール、クロアチア、キプロス、チェコ、コンゴ民主共和国、デンマーク、ジブチ、ドミニカ国、ドミニカ共和国、エクアドル、エルサルバドル、エストニア、フィジー、フィンランド、フランス、ガボン、ガンビア、**ジョージア**、ドイツ、ガーナ、ギリシャ、グレナダ、グアテマラ、ギニア、ガイアナ、ホンジュラス、ハンガリー、アイスランド、アイルランド、イタリア、**日本**、ヨルダン、ケニア、キリバス、ラトビア、レソト、リベリア、リヒテンシュタイン、リトアニア、ルクセンブルク、マダガスカル、マラウィ、モルディブ、マリ、マルタ、マーシャル諸島、モーリシャス、メキシコ、モンゴル、モンテネグロ、ナミビア、ナウル、オランダ、ニュージーランド、ニジェール、ナイジェリア、北マケドニア、ノルウェー、パナマ、パラグアイ、ペルー、ポーランド、ポルトガル、韓国、モルドバ、ルーマニア、セントクリストファー・ネイビス、セントルシア、セントビンセントおよびグレナディーン諸島、サモア、サンマリノ、セネガル、セルビア、セーシェル、シエラレオネ、スロバキア、スロベニア、**南アフリカ**、スペイン、パレスチナ国（※国連には未加盟）、スリナム、スウェーデン、スイス、**タジキスタン**、東ティモール、トリニダード・トバゴ、チュニジア、ウガンダ、イギリス、タンザニア、ウルグアイ、バヌアツ、ベネズエラ、ザンビア。

国連加盟国が193ヶ国。

つまり、国連加盟国の63％が国際刑事裁判所に参加しています。

別の言葉で言うと、37％の国は参加していません。

しかもアメリカ、中国、ロシア、インドなど、大国が不参加です。

しかし、123ヶ国が参加しているのも事実。

もしプーチンが、123ヶ国に来たら、その国は彼を逮捕する**義務があります**。

ちなみに、プーチンは、もう**日本に来ることができなくなりました**。

日本は、国際刑事裁判所の参加国。

プーチンが日本に来たら、逮捕する義務があるのです。

日本のほかに気になる参加国。

たとえば、ブラジルと南アフリカ。

ブラジルと南アフリカは、いわゆる「ＢＲＩＣＳ」の国で、ロシアと良好な関係を築いています。

しかし、プーチンは、ブラジルと南アフリカに行けなくなりました。

ちなみに、南アフリカでは２０２３年８月、ＢＲＩＣＳ首脳会議が行われました。

南アフリカは、国際刑事裁判所の参加国で、プーチンが来たら逮捕する義務がある。

それで、プーチンはＢＲＩＣＳ首脳会議に行くことができず、「オンライン参加」となりました。

「逮捕されるから、ＢＲＩＣＳ首脳会議に行くことができない」というのは、何とも情けない話です。

さらに衝撃的なのが、ジョージアとタジキスタンです。

両国とも「旧ソ連国」です。

ジョージアは、２００８年にロシアと戦争した国なので、反ロシアです。

しかし、タジキスタンは、プーチンが「属国」と考えている国です。

その国に、プーチンは行けなくなった。

それだけではありません。

同じく旧ソ連国のアルメニア。

この国も、かつてはロシアの属国のような立場でした。

そんなアルメニアは2022年9月、隣国アゼルバイジャンと軍事衝突しています。

アルメニアは、ロシアを中心とする軍事同盟・集団安全保障条約機構（CSTO）に加盟しています。

それでCSTOを事実上支配しているロシアに支援を要請しました。

ところが、ウクライナ戦争で忙しいロシアは、アルメニアを見捨てたのです。

これでアルメニアは激怒し、ロシアとアルメニアの関係は大いに悪化しました。

そして、アルメニアは「CSTOからの脱退」を検討するようになっているのです。

さて、そんなアルメニアは、プーチン問題に関係なく、「国際刑事裁判所加盟」の準備を進めてきました。

そんななか、今回の「プーチン逮捕状事件」が起こりました。

この件についてアルメニアは、ものすごい反応をしています。

『FNNプライムオンライン』2023年4月3日付。

〈ロシアの同盟国のアルメニアが、プーチン大統領に「**逮捕せざるを得なくなるから来ないよう**」**警告していた**ことが分かり、同大統領はロシア国外には出られない缶詰状態になっているようだ。

ロシアの日刊紙「モスクワ・タイムズ」電子版は29日「アルメニア与党、ハーグからの令状で**プーチン逮捕を警告**」という見出しの記事をアルメニア国民議会のカギク・メルコニアン副議長の大きな写真とともに掲載した。

それによると、同副議長は地元メディアとのインタビューで「**もしプーチンがアルメニアへ来れば彼は逮捕されなければならない**」**と語った**という。〉

プーチンは、手下と思っていた同盟国の裏切りに激怒したことでしょう。

というわけで、プーチンは世界123ヶ国に行くことができなくなりました。

とはいえ、プーチンは、逮捕される国には行かないでしょう。

「国際刑事裁判所がプーチンに逮捕状を出した」といっても、実際に逮捕される可能性は低い。

しかし、「象徴的意味」は甚大です。

プーチンはロシアの大統領ですが、世界123ヶ国にとっては、**オフィシャルな**「**戦争犯罪容疑者**」**になりました**。

国際社会にとってロシアは、「**戦争犯罪容疑者が統治する国**」なのです。

これは、どう考えても、ロシアの**国際的権威の失墜**でしょう。

これも、ウクライナ侵攻による**戦略的敗北の一つ**です。

●NATO拡大阻止に失敗したプーチン

プーチンがウクライナ侵攻を決めた理由の一つに「NATO問題」があります。より具体的に言うと、プーチンは「ウクライナのNATO加盟」と「NATO拡大」を阻止したかった。

NATO（北大西洋条約機構）は、31ヶ国が加盟する**「反ロシア軍事同盟」**です。これをロシアが脅威に感じるのは理解できます。

そして、プーチンがしばしば言及しているのは、「アメリカが約束を破ってNATOを拡大した」ことです。

これも一理あります。

たとえば、アメリカのベーカー国務長官は1990年2月9日、ソ連のゴルバチョフ書記長に、「もしアメリカがNATOの枠組みでドイツでのプレゼンスを維持するなら、NATOの管轄権もしくは軍事的プレゼンスは1インチたりとも東方に拡大しない。そうした保証を得ることは、ソ連にとってだけでなくほかのヨーロッパ諸国にとっても重要なことだ」と語りました。

「NATOの東方不拡大」は、アメリカ政府高官の「口約束」で、文書にはなっていません。

それでもプーチンは、「だまされた！」と怒りをあらわにしています。

ウクライナについて。

ロシアから欧州方面の地図を見ると、ロシアの西隣にはベラルーシとウクライナがあります。この二国は、NATO非加盟国です。

ベラルーシとウクライナの西側には、ポーランド、スロバキア、ハンガリー、ルーマニアがあり、いずれもNATO加盟国です。

こう見ると、ベラルーシとウクライナは、NATO加盟国とロシアの間に存在する「緩衝国家」であることがわかります。

プーチンは、ウクライナがNATOに加盟すれば、NATOがロシア国境までやってくると恐れたのでしょう。

いずれにしても、プーチンは、ウクライナ侵攻の口実として、「ウクライナのNATO加盟阻止」「NATO拡大阻止」を理由に挙げています。

ところが、「NATO拡大を阻止するための」ウクライナ侵攻は、正反対の結果になりました。

これまでずっと中立を維持し、NATO非加盟だったフィンランドとスウェーデンが、NATO加盟を決めてしまったのです。

フィンランドは、ロシアとは長い国境線を接する北西の隣国です。

スウェーデンは、フィンランドの西の隣国です。

二つの中立国は、NATO非加盟国ウクライナが、突然ロシアに侵略されたのを見て恐怖しました。

そして、NATOへの加盟を決めたのです。

フィンランドは2023年4月、31ヶ国目の加盟国になりました。

一方、スウェーデンは難航していました。

理由は、NATO加盟国トルコ、ハンガリーの関係です。

スウェーデンは、トルコからの独立を目指すクルド人勢力を保護してきました。

そのため、トルコがスウェーデンのNATO加盟に反対していたのです。

しかし、2023年7月、トルコのエルドアン大統領は、スウェーデンの加盟を支持すると方針を転換しました。

ハンガリーは、強権政治で知られるオルバン首相が親プーチンで、スウェーデンのNATO入りに反対してきました。

ところが、ハンガリー議会は2024年2月26日、スウェーデンのNATO加盟を承認しました。

こうして、スウェーデンが32ヶ国目のNATO加盟国になることが決まったのです。

ウクライナについては、まだはっきりしません。

しかし、プーチンは「NATO拡大を阻止する」とウクライナに侵攻し、その結果、逆にNATOを拡大させてしまったのです。

これも「**戦略的敗北**」**の一つ**と言えるでしょう。

●「旧ソ連圏の盟主」の地位を喪失したロシア

プーチンのウクライナ侵攻によって、ロシアが「**旧ソ連圏の盟主」の地位を喪失した**ことに言及します。

1991年12月、ソ連邦が崩壊し、ロシアと15の独立国家に分裂しました。

そのなかで、「旧ソ連圏の盟主」を自任していたのがロシアです。

そして、国際社会もそのように見ていました。

たとえば、国連安保理で拒否権をもつ常任理事国。

ソ連崩壊後は、ロシアが引き継いでいます。

ロシアは、ソ連時代の核兵器を引き継ぎ、旧ソ連圏で唯一の核兵器保有国になっています。

ロシアは、国土、人口、経済力、軍事力、どれをとっても旧ソ連諸国の中で一番である。

それで、「ロシアこそが旧ソ連圏の盟主なのだ」という意識をもつのは当然でした。

そして、プーチンは、「ロシアは旧ソ連圏の盟主」以上の意識をもっていました。

彼は、旧ソ連圏を「**ロシアの勢力圏**」と考えていたのです。

それでプーチンは、旧ソ連圏であるウクライナやジョージアが欧米に接近するのをとても嫌っていたのです。

ウクライナ侵攻は、旧ソ連諸国をロシアの勢力圏にとどめておくための試みでもありました。

しかし、彼は、ウクライナを勢力圏にとどめることに失敗した。

それどころか、ほとんどの旧ソ連諸国が、ロシアから離れてしまったのです。

何が起こったのか、具体的に見てみましょう。


まず、「旧ソ連圏」について知っておきましょう。

旧ソ連圏は、大きく四つの地域に分かれます。

一つ目の地域は、「バルト三国」です。

具体的には、リトアニア、エストニア、ラトビア。

これら三国は、「遅い時期にソ連の一部になった」という共通点があります。

ロシア革命が起こったのは、1917年。

ソビエト社会主義共和国連邦（ソ連）が成立したのは1922年です。

しかし、バルト三国がソ連の一部になったのは1940年でした。

1941年にドイツとソ連の戦争が始まると、バルト三国は、ドイツの支配下に入ります。

1944～1945年、ソ連はナチスドイツからバルト三国を取り戻しました。

バルト三国の人々は、「ソ連に強制的に併合された」という被害者意識を強くもっています。

ソ連が崩壊すると、彼らは「二度とロシアに侵略されたくない」と考え、NATO、EUへの加盟を急いだのです。

結果、バルト三国は２００４年、ＮＡＴＯ、ＥＵのメンバーになりました。

ＮＡＴＯ非加盟国ウクライナは、ロシアに侵略されましたが、ＮＡＴＯ加盟国のバルト三国は侵略されていません。

バルト三国の国民は、「ＮＡＴＯに入っていて良かった」と確信したことでしょう。

この地域では、ロシアに対する尊敬も愛情もほとんどない。

それで、プーチンも、バルト三国をロシアの勢力圏とは考えていなかったようです。


旧ソ連圏、**二つ目の地域を「東欧地域」**と呼びましょう。

ここには、ロシアの西の隣国ベラルーシ、ウクライナ、そしてウクライナの南の隣国モルドバが含まれます。

ベラルーシは１９９４年から現在に至るまで、「欧州最後の独裁者」と呼ばれるルカシェンコ大統領が統治しています。

ルカシェンコとプーチンは、独裁者の友人。

良好な関係は、ウクライナ侵攻後も変わっていません。

ウクライナについて、説明の必要はないでしょう。

モルドバは、バルト三国同様、１９４０年にソ連の一部になりました。

２０２０年、ハーバード大学出身のマイア・サンドゥ氏が大統領になり、親欧米政策を推進しています。

旧ソ連圏、**三つ目は「コーカサス地域」**です。

具体的には、アゼルバイジャン、アルメニア、ジョージア。

最近の動きについては、のちほど触れます。

旧ソ連圏、**四つ目は「中央アジア地域」**です。

カザフスタン、キルギス、タジキスタン、ウズベキスタン、トルクメニスタン。

こちらの動きも、のちほど触れます。

というように、極めて反ロシア的なバルト三国を除いた11ヶ国は、プーチンが**「勢力圏」と考える「旧ソ連圏」**でした。

ところが、ウクライナがこの勢力圏から離脱して、欧米圏に寝返ろうとした。

プーチンがそのウクライナを罰しようとした結果、旧ソ連圏がバラバラになってしまったのです。

具体的な動きを見ていきます。

まず、ウクライナ、モルドバ、ジョージアが**EU加盟申請**を行っています。

加盟申請をしたのは、ウクライナが2022年2月、モルドバとジョージアが同年3月。

これは、明らかにウクライナ侵攻を受けた動きです。

「ＥＵ加盟申請」の意味は何でしょうか？

この3ヶ国は、**「ロシア中心の旧ソ連圏から離脱して、ＥＵ圏に入る」**という意志を宣言したのです。

次にコーカサス地域のアゼルバイジャンとアルメニアの動きを見てみましょう。

この2ヶ国のうちアゼルバイジャンは、前からロシアよりトルコを重視しています。

アゼルバイジャンとアルメニアには、「ナゴルノ・カラバフ問題」があり、しばしば衝突を繰り返してきました。

「ナゴルノ・カラバフ問題」とは何でしょうか？

アゼルバイジャンが自国領と考えるナゴルノ・カラバフ地域は、アルメニア系住民が大多数を占めていました。

彼らは1991年9月、「アルツァフ共和国」建国とアゼルバイジャンからの独立を宣言。

アゼルバイジャンは当然これを認めず、紛争に発展しました。

紛争の当事者は、アゼルバイジャンと、アルメニア系のアルツァフ共和国を守るアルメニアです。

新世紀に入っても両国は、2014年、2016年、2020年と紛争を繰り返してきました。

2022年9月にも、アゼルバイジャンとアルメニアの紛争が勃発。

アゼルバイジャンは、トルコから支援を受けて戦っています。

一方、アルメニアは、ロシアが主導する軍事同盟「ＣＳＴＯ」（集団安全保障条約機構）の加盟国。

紛争が始まると、アルメニアは、ＣＳＴＯを主導するロシアに支援を求めました。ところが、既述のように、ウクライナ戦争で手一杯のプーチン・ロシアは、アルメニアを見捨てたのです。

アルメニアのパシニャン首相は激怒しました。

『時事』２０２２年11月24日付。

〈旧ソ連圏の集団安全保障条約機構（ＣＳＴＯ）首脳会議が23日、アルメニアの首都エレバンで行われ、開催国の**パシニャン首相が、軍事同盟の在り方に不満を表明した**。ロイター通信などが伝えた。係争地ナゴルノカラバフで２０２０年にアゼルバイジャンと再び衝突し、支配地域の多くを失った経緯があり、**ＣＳＴＯの「機能不全」への不満を盟主ロシアのプーチン大統領にぶつけた。**〉

ちなみに、ナゴルノ・カラバフ紛争は、２０２３年9月にも繰り返されました。

トルコからの支援を受けるアゼルバイジャンは、ロシアからの支援を期待できないアルメニアに圧勝。

アゼルバイジャンは、ナゴルノ・カラバフへの主権回復を宣言したのです。

これで、30年以上続いたナゴルノ・カラバフ紛争は、アルメニア勢力の敗北で終結したと見られています。

アルメニア国民とパシニャン首相は、ロシアの不義理に憤り、**CSTO離脱の動きを加速させています**。


『毎日新聞』２０２３年11月16日付。

〈旧ソ連アルメニアのパシニャン首相は15日、武器や装備を獲得するために「**安全保障上のほかのパートナーを探す必要がある**」と述べた。ロシア通信が伝えた。23日にベラルーシで開催されるロシア主導の軍事同盟「集団安全保障条約機構」（ＣＳＴＯ）の首脳会議を欠席する意向をすでに明らかにしており、「**ロシア離れ**」**を加速させている**。〉


〈安全保障上のほかのパートナー〉とは、要するに欧米のことです。

というわけで、コーカサス地域の旧ソ連諸国を見ると、ジョージアはＥＵ加盟申請をしました。

アゼルバイジャンは、ロシアを捨てトルコを選びました。

アルメニアはロシアの不義理に激怒し、ＣＳＴＯ離脱の道を進んでいます。そして、欧米路線を歩みはじめています。

次に中央アジア地域を見てみましょう。
中央アジア諸国は、ウクライナ問題で弱体化したロシアから離れ、中国に接近しています。
２０２３年5月、中国・西安で「中国・中央アジアサミット」が開催されました。
ここで、「**中国・中央アジア運命共同体**」**を構築すること**が宣言されました。

『ＪＥＴＲＯ』２０２３年5月23日付。

〈19日には「中国・中央アジアサミット西安宣言」が発表された。今後の方向として、参加国は**中国・中央アジア運命共同体の構築**に向けて協力するとされた。また、サミットは2年ごとに開催し、中国と今回参加した5カ国のうち担当となる国が交代で主催するとした。常設事務局設置についても検討する。その他、２０２３年にウズベキスタンで食糧安全保障に関する国際会議を開催するとした。〉

これは「驚くべきこと」と言えるでしょう。

中央アジア諸国は「旧ソ連国」であり、これまで「ロシアの勢力圏」と思われてきました。

ロシアと中国は、反アメリカの「事実上の同盟国」です。

それで、中国はこれまで、**「中央アジアはロシアの縄張り」**と認め、尊重してきたのです。

ところが、ウクライナ戦争でロシアが弱体化した。

それを見た中国は、「中国・中央アジア運命共同体」構築を宣言しました。

弱くなったロシアから、露骨に中央アジアを奪いにきたのです。

そして、ロシアには、中国の横暴を止める力がありません。


まとめてみましょう。

旧ソ連圏のうち、バルト三国は元から反ロシアである。

ウクライナ、モルドバ、ジョージアは、ＥＵ加盟申請をし、「旧ソ連圏離脱」の意志を明確にした。

アゼルバイジャンは、ロシアを捨て、トルコを選んだ。

「ナゴルノ・カラバフ紛争」でロシアに見捨てられたアルメニアは激怒。ロシア主導の軍事同盟ＣＳＴＯから離脱する意向を示している。

中央アジアは、ロシアを捨て中国と「運命共同体」をつくろうとしている。

というわけで、ウクライナ侵攻により、旧ソ連諸国はバラバラになりました。

いまだに「ロシアの勢力圏」と言える国は、ベラルーシぐらいです。

ロシアは、「旧ソ連圏の盟主」の地位を喪失した。

これも、ロシアの「**戦略的敗北**」の一つと言えるでしょう。

●中国の属国と化したロシア

次に、ウクライナ侵攻の結果、**ロシアが中国の「属国」になった**というお話をしていきます。

何が起こったのでしょうか？

ロシアが中国の属国と化した理由は、既述のようにウクライナ戦争です。

もっと具体的に言うと、ウクライナ侵攻が引き起こした二つの出来事が原因です。

二つの出来事とは、

1．欧州がロシア産資源を買わなくなったこと
2．ロシアの主要銀行が、ＳＷＩＦＴから排除されたこと

です。

なぜ、これでロシアが中国の属国になったのか、順番にお話ししましょう。

ご存じのように、ロシアは石油、ガス大国です。

『Energy Institute 統計２０２３』よると、２０２０年時点で、ロシアの石油生産量は、アメリカ、サウジアラビアに次いで世界3位。

石油輸出量は、サウジアラビアに次ぐ世界2位。

天然ガス生産量は、アメリカに次いで世界2位。

天然ガス輸出量（パイプライン）は、世界1位。

ロシア財務省によると、同国の歳入に占める石油ガス産業の割合は2021年度が36％、2022年が42％。

年によって変わりますが、歳入の約四割を石油ガス産業からの収入が占めています。

輸出に占める石油（原油、石油製品）、天然ガス、石炭の割合は2021年、64％でした。

何がわかるかと言うと、ロシアの財政や経済は、石油ガスに依存しているということです。

では、ロシアは、豊富な資源をどこに輸出して、外貨を稼いでいたのでしょうか？

原田大輔著『エネルギー危機の深層――ロシア・ウクライナ戦争と石油ガス資源の未来』（ちくま新書）によると、ロシア産原油の輸出先で欧州が占める割合は53・5％、石油製品は64・5％、天然ガスは75・5％、石炭は41・1％。

こう見ると、欧州はロシアにとって圧倒的な「最大顧客」だったことがわかります。

ところが、ウクライナ侵攻を受け、欧州はロシア産原油、石油製品、石炭の輸入を禁止しました。

天然ガスの禁輸は行われていないものの、事実として欧州のロシア産天然ガス輸入量は激減しています。

『ＪＢＰｒｅｓｓ』２０２３年11月10日付。

〈ロシアがウクライナに侵攻する前年の２０２１年時点で、ＥＵはロシアから86・７ｂｃｍ（Billion Cubic Meters：10億立方メートル）の天然ガスを輸入していた。〉

〈ＥＵがロシア産天然ガスの利用の削減に努める一方で、ロシアもＥＵに対する天然ガスの供給を削減したことから、２０２２年のロシア産天然ガス輸入量は前年比32・３％減となった。

そして、２０２３年１―９月期のロシア産天然ガスの輸入量は、前年同期比60・３％の20・６ｂｃｍとなり、前年（51・９ｂｃｍ）から一段と減少した。〉（同前）

欧州がロシア産原油、天然ガス、石炭の輸入を激減させたことは、ロシア経済に大打撃を与えました。

ウクライナ侵攻でロシアが中国の属国になったもう一つの原因は、「**ロシアの主要銀行が、ＳＷＩＦＴから排除されたこと**」でした。

どういう意味でしょうか？

そもそも、ＳＷＩＦＴとは何でしょうか？

「ナレッジ・インサイト」２０２０年2月6日、野村総研の木内登英氏の記事を見てみましょう。

〈ＳＷＩＦＴとは、ベルギーに本部を置く銀行間の国際的な決済ネットワークである。

ＳＷＩＦＴには２００以上の国や地域の金融機関１万１千社以上が参加しており、そのネットワークを経由しないと送金情報を伝えられず、**国際送金ができない**。

決済額は１日あたりおよそ5兆〜6兆ドル（約５５０兆〜６６０兆円）に上るとされ、**事実上の国際標準となっている**。

中国を含め、米国と対立する多くの国々にとって大きな脅威であるのは、米国が経済制裁の実効性を高めるため、しばしばこのＳＷＩＦＴを利用するということだ。

例えば、米国の経済制裁の対象となった国で、企業が制裁逃れを図って海外企業と貿易を行おうとしても、その国の銀行が**ＳＷＩＦＴのネットワークから外されれば、資金決済ができないため貿易は難しくなる**。〉

簡単にいうと、ＳＷＩＦＴから排除された国は、**外国への送金が困難になる**。

そして、**貿易も困難になる**。

ウクライナ侵攻の結果、ロシアはＳＷＩＦＴから排除され、外国への送金、貿易が困難になった。

ロシアは、「欧州がロシア産資源を買わなくなった」「ＳＷＩＦＴから外されて貿易ができなくなった」という二つの大きな問題を抱えることになったのです。

ロシアは、**事実上の同盟国である中国に助けを求めます**。

そして中国は、懇願するロシアの願いを聞くことにしました。

つまり、**ロシア産原油、天然ガスの輸入を大幅に増やした**のです。

『ＢＢＣ　ＮＥＷＳ ＪＡＰＡＮ』２０２２年６月20日付。

〈中国が５月に輸入したロシア産原油は、**前年比55％増**と、ロシアが中国の原油輸入元としてサウジアラビアを抜いて首位になったことが、中国当局が20日に公表したデータで明らかになった。ウクライナ侵攻をめぐり西側諸国がロシアに制裁を科す中、ロシアが割安な原油を中国に輸出したことが背景にある。〉

中国が、輸入するロシア産原油量を激増させていることがわかります。

ところで、ここで考えていただきたいことがあります。

2022年、ウクライナ侵攻が始まり、欧州はロシア産の石油、天然ガスの輸入量を激減させた。

そして、ロシアは中国に、「欧州が買わなくなった分の原油、天然ガスを買ってくれ！」と泣きついた。

そのとき、中国は、原油、天然ガスが足りなくて困っていたのでしょうか？

もちろん困っていません。

中国は、ロシア産原油、天然ガスの輸入量を増やす必要などなかったのです。

反米の中国にとってロシアは、確かに「事実上の同盟国」です。

しかし、ロシアを助けるために、ロシア産原油、天然ガスを高く買ってあげるほど中国はお人好しではありません。

当然、**ロシアは、激安で売ることで中国に「買っていただく」ことにした**のです。

『産経新聞』2023年5月20日付。

〈中国税関総署が20日公表した貿易データによると、中国がロシアから4月に輸入した原油は、**金額ベースで前年同月比27％減の37億ドル（約5100億円）だった。輸入量は9％増と拡大が続いた。**〉

じつに興味深い事実がここに書かれています。

中国は2023年4月、前年同月比で**ロシア産原油の輸入量を9%増やしました。**

ところが、「**輸入額**」**は前年同月比で27%減少**しています。

こういう現象を、何というのでしょうか？

〈ウクライナ侵攻に伴う先進7カ国（G7）などの制裁の影響により、中国が割安のロシア産原油を**買いたたいている**構図が改めて浮き彫りになった。〉（同前）

中国は、事実上の同盟国ロシアの原油を〈**買いたたいている**〉そうです。

しかし、その後の状況をみると、中国はロシア産原油を比較的公平な価格で輸入しているようです。

国際相場におけるロシア産原油「ウラル」の価格は2023年、平均で1バレル約64ドルでした。

しかし、中国は2023年、ロシアからバレル約77・3ドルで輸入していました。（『東洋経済ONLINE』2024年2月7日付）

これは、サウジアラビア産の約85・5ドルよりも1バレルあたり8・2ドル安いですが、ウラルの国際相場よりも13・3ドル高い。

つまり中国は、自分もロシアも儲かるように、WIN－WINの取引をしていることになります。

これは、なぜでしょうか？

ロシアが戦争で敗北し、プーチン政権が倒れれば、この国に親欧米反中政権が誕生するかもしれません。

それは、中国にとって困ることなのです。

そこで中国は、ロシアがウクライナに負けない程度に支援しているのでしょう。

しかし、いずれにしても中国は、ウクライナ侵攻で最大顧客欧州を失ったロシアに対し圧倒的に強い立場にあります。

中国はロシアに対し、**エネルギー価格の決定権を握っている。**

そして、ロシア経済が石油、天然ガスに依存していることを考えると、中国はロシアの「**生殺与奪権を握った**」とすら言えるでしょう。

さらにもう一つ、ロシアがSWIFTを使えない問題があります。

ロシアは、「中国版SWIFT」と呼ばれるCIPSを使わざるを得ない状況になりました。

これに関して『NRI』2023年3月3日付を見てみましょう。

〈ロシア中央銀行のデータによると、人民元で代金が支払われた輸出の割合は、ウクライナ侵攻以前は、全体のわずか0・4％だったが、**昨年9月には14％にまで上昇した。**ルーブル建ては33％程度まで上昇したと推測され、逆にドル、ユーロなど主要通貨の割合が大きく低下した。

ロシアの貿易決済で人民元の利用が拡大するのを支えているのは、中国独自の国際的銀行間決済システムＣＩＰＳの存在だ。中国は2015年に、ドル、ユーロといった主要通貨での国際銀行間決済をほぼ支配するＳＷＩＦＴに対抗する目的でＣＩＰＳを立ち上げた。

長らくその利用は広がりを欠いていたが、先進国による対ロシア金融制裁をきっかけに、流れが変わってきたのである。〉

ここまでをまとめておきましょう。

・ウクライナ侵攻によって、欧米と日本は、ロシアに制裁を科した。
・ロシアは、大きな二つの問題に直面した。
・一つ目の問題は、最大顧客の欧州が、ロシアから石油、天然ガスなどの輸入を激減させたこと。
・二つ目の問題は、ロシアがＳＷＩＦＴから排除されたこと。

・困ったロシアは、中国に、欧州が買わなくなった分の原油、天然ガスを買ってくれるよう懇願した。
・中国は、ロシア産原油、天然ガス輸入を激増させた。
・SWIFTから追放されたロシアは、中国版SWIFTと呼ばれるCIPSを使うようになった。

結果、中国はロシア産エネルギーの**価格決定権を持つようになりました**。

ロシアは中国に「**人民元**」「**CIPS経由**」で、原油、天然ガスを輸出するようになったのです。

ウクライナ侵攻の結果、ロシアの立場は大いに弱まり、中国の立場は圧倒的に強まりました。

そして、**ロシアは、中国の事実上の属国になった**のです。


ロシアと中国の力関係がよくわかる二つの例を挙げておきましょう。

一つは前述の「中国・中央アジア運命共同体」の話です。

プーチン・ロシアは、「旧ソ連圏の盟主」を自任してきました。

プーチンは、旧ソ連圏を「ロシアの勢力圏」と見なしてきた。

そして、勢力圏である旧ソ連圏に他国が干渉することを、とても嫌っていたのです。

ところが2023年5月、中国と中央アジアは「運命共同体をつくる」と宣言しました。

これは**中国が中央アジアを「自分の勢力圏に入れるよ」という宣言**でもあります。
ロシアは、自分の勢力圏の中央アジア5ヶ国（カザフスタン、ウズベキスタン、タジキスタン、キルギス、トルクメニスタン）を中国が堂々と奪うのを見ても、どうすることもできなかったのです。

ロシアと中国の力関係がわかるもう一つの出来事は、2023年3月に起こりました。
これについて、前掲（239頁）『エネルギー危機の深層』を見てみましょう。
2023年3月、習近平がロシアを訪問しました。
プーチンは、三つの「お土産」を期待していました。

〈①ウクライナ東部4州のロシアへの帰属承認。
②武器または半導体等、欧米制裁で不足している物資の供給、そして
③欧州代替を成立させる「シベリアの力2」による長期天然ガス供給契約での合意、である。〉
（150頁）

習近平は、「親友」「同志」であるプーチンに、どんな「お土産」を渡したのでしょうか？
答えは、「**お土産を一つも与えなかった**」です。

「釣った魚（プーチン）にはエサをあげるな」ということでしょうか？

なぜ中国は、プーチン・ロシアを助けないのでしょうか？


〈6月にブリンケン米国務長官が訪中した際には、この点について釘を刺し、中国はロシアに対して、殺傷兵器の提供をしていないし、今後もしないと明言したことを明らかにしている。

中国にしてみれば、ウクライナ侵攻については国連決議でも世界の大多数の国が反対を表明しており、そうしたなかでロシアの肩を持つことは世界から反感を買い、欧米諸国も中国に対する敵対を強めることになるのは明らかであった。

また天然ガスについても需給は満たされており、わざわざ今5年後の天然ガス調達に動き、ロシアへの依存度を高める必要はない。

待っていれば、いずれロシアは追い詰められ、さらにガス価格を値下げしなければならないことも明らかである、今は買うべきではないという判断が働いたのだろう。〉（前掲書　150頁）

もう少し簡潔にしてみましょう。なぜ習近平はプーチンを助けなかったのか？

武器を供給しないのは、アメリカとの関係が、ロシアとの関係より重要だから。

ロシアが併合した4州をロシア領と認めないのは、認めると国際社会における中国の評判が悪くなるから。

「長期ガス供給契約」を結ばないのは、「待っていればロシアが追い詰められ、ガス価格はもっと下がるから」。

何というか、完全に「チャイナ・ファースト」です。

「ロシアは、事実上の同盟国だから助けよう」という意志はまったく感じられません。

いいえ、**中国は、ロシアを「属国」と見なしているので、ロシアを助ける必要を感じていないのでしょう。**

この章をまとめてみましょう。

今回の戦争でロシアは、ルガンスク州、ドネツク州、ザポリージャ州、ヘルソン州を併合しました。

しかし、これは「**戦術的勝利**」にすぎません。

この戦争でロシアは、**国際的に孤立しました。**

ロシアを公然と支持している国は、北朝鮮、シリア、ベラルーシ、エリトリアの4国だけです。

また、**国際刑事裁判所からプーチンに逮捕状**が出されています。

ウクライナ侵攻でプーチンは、NATO拡大を阻止しようとしました。

ところが、これまで中立だったフィンランドが加盟することで、NATOは拡大しました。

さらに、中立だったスウェーデンも加盟を目指しています。

繰り返しますが、ウクライナ侵攻で、**NATOは拡大した**のです。

ロシアは、**「旧ソ連圏の盟主」の地位を失いました**。

ウクライナ、モルドバ、ジョージアは、EUに加盟申請をしました。

アゼルバイジャンは、ロシアではなく、トルコと組んでいます。

アルメニアは、ロシアを中心とする軍事同盟CSTOを離脱する方針です。

中央アジアは、中国と「運命共同体」創設で合意しました。

そして、最大顧客だった欧州に、石油、天然ガス、石炭を売れなくなったロシアは、中国に「人民元」で輸出せざるを得なくなりました。

ロシアは、「人民元圏」に組み込まれ、**中国の属国になった**のです。

これらすべてのファクターを考慮すれば、ウクライナ侵攻の結果、**ロシアが戦略的に敗北したことは明白です**。

第五章

日本への教訓

ここまで、プーチンの戦術的勝利と戦略的敗北について書いてきました。

ここで止まれば、「ただのプーチン批判」で終わってしまいます。

彼の失敗から、日本や私たち自身のために、何らかの教訓を得る必要があるでしょう。

●プーチンの「勘違い」

日本にも世界にも、ロシア―ウクライナ戦争について、「悪いのはプーチンではなく、ウクライナとその背後にいるアメリカだ」と主張する人たちがいます。

そして、そのことを固く信じている人たちが一定数います。

ですから、プーチンの主張について触れておく必要があるでしょう。

プーチンのおもな開戦理由は、四つあります。

1. NATO拡大はロシアの脅威である。だからNATO拡大、ウクライナのNATO加盟を阻止しなければならない。

2. ウクライナ軍がルガンスク州、ドネツク州のロシア系住民を迫害している。彼らを救う必要がある。

3. ウクライナの現政権はネオナチである。だからウクライナを「非ナチ化」「非軍事化」しなければならない。

4．ロシアがウクライナに先制攻撃しなければ、ウクライナがロシアに攻め込んできただろう。

一つひとつ見ていきましょう。

まず4番目の「**ロシアがウクライナに先制攻撃しなければ、ウクライナがロシアに攻め込んできただろう**」について。

はっきり言えば、これは**フェイク**です。

この話は、開戦当初から語られていたわけではなく「**あとづけ**」です。

ロシア―ウクライナ戦争開始は2022年2月ですが、プーチンがこの話を始めたのは**同年5月になってから**でした。

プーチンは2022年5月9日の「対独戦勝記念日」の演説で、以下のように語りました。

〈われわれにとって絶対に受け入れがたい脅威が、計画的に、しかも国境の間近に作り出された。アメリカとその取り巻きの息がかかったネオナチ、バンデラ主義者〔注：ステパン・バンデラ（1909～1959年）は、ウクライナの民族解放運動の指導者。ウクライナ独立のためにソ連と戦ったため、同国では英雄視されている。一方でナチスドイツと協力し、また過激な反ユダヤ主義者であったため、ロシアでは「ナチ」と呼ばれ、嫌悪されている〕との衝突は避けられないと、あらゆることが示唆していた。

繰り返すが、軍事インフラが配備され、何百人もの外国人顧問が動き始め、NATO加盟国から最新鋭の兵器が定期的に届けられる様子を、われわれは目の当たりにしていた。危険は日増しに高まっていた。

ロシアが行ったのは、**侵略に備えた先制的な対応だ。**〉

この話、二つの可能性があるでしょう。

一つは、NATOの支援を受けた**ウクライナがロシアを侵略する可能性**です。

もう一つは、**NATOとウクライナがロシアを侵略する可能性**です。

一つ目ですが、NATOの支援を受けているとはいえ、**小国ウクライナがロシアに先制攻撃をしかける???**

常識的に考えるとあり得ないでしょう。

では、NATOとウクライナがロシアを侵略する可能性はどうでしょうか?

これは、事実が否定しています。

プーチンのロジックが事実なら、**NATOはロシア―ウクライナ戦争に参戦しているはずでしょう?**

「**NATOがロシアを侵略しようとしていたら、ありがたいことにロシアが先に攻めてくれた。これで口実を探す必要がなくなった**」となるはずです。

ところがバイデンは、開戦前から**「ウクライナに米軍を派遣する気はない」**と断言していました。

『BBC　NEWS　JAPAN』2021年12月9日付。

〈ロシアがウクライナの国境周辺で軍を増強させ緊張が高まる中、アメリカのジョー・バイデン大統領は8日、ロシアが侵攻した場合に**米軍をウクライナに派遣することは「検討していない」と述べた。**

バイデン氏は一方で、ロシアが実際に侵攻すれば深刻な結果を招くことになると警告した。〉

そして、バイデンは現在にいたるまで、米軍をウクライナに派遣していません。

バイデンの言葉とその後の行動から、プーチンの「ロシアが先制攻撃しなければ、NATOやウクライナがロシアを侵略しただろう」という理由が**フェイク**であることがわかります。

ちなみに、ウクライナ戦争におけるロシア側の英雄で、2023年6月に反乱を起こし、同年8月に死亡したプリゴジン（民間軍事会社「ワグネル」創設者）も、この理由は「嘘だ」と認めていました。

『ＴＢＳ　ＮＥＷＳ　ＤＩＧ』２０２３年6月24日付。

〈ロシアの民間軍事会社「ワグネル」の創設者は、ウクライナ侵攻について「ロシア国防省がプーチン大統領をだまして始めた」と主張する新たな動画を公開しました。

「ワグネル」創設者 プリゴジン氏

「国防省は国民と大統領をだましている。特別軍事作戦は全く異なる理由で開始された」

プリゴジン氏は23日に公開した動画で、プーチン大統領が侵攻開始にあたり、ウクライナが**ＮＡＴＯ＝北大西洋条約機構の支援を受け、ロシアを攻撃する脅威が高まっているなどと主張したことについて、「そのような異変はなかった」と否定しました。**（中略）

これまでもショイグ国防相らを厳しく批判してきましたが、今回は**侵攻そのものをめぐる政権の主張を否定した形**で波紋を呼びそうです。〉

次に254頁の開戦理由のうち、1番目の理由、「**ＮＡＴＯ拡大はロシアの脅威である。だからＮＡＴＯ拡大、ウクライナのＮＡＴＯ加盟を阻止しなければならない**」について考えてみましょう。

これについて私は「理解できる」と思います。

既述のように、アメリカは「ＮＡＴＯを拡大しない」と約束し、それを破っていました。

実際に30ヶ国（現在は31ヶ国）の「反ロシア軍事同盟」の存在は、脅威に思えるでしょう。

しかし、じつを言うと、「ＮＡＴＯがロシアの脅威だ」というのは、**プーチンの「勘違い」**なのです。

なぜでしょうか？

ロシアは世界一の核兵器大国だからです。

プーチンが、２０１７年に暴れまくった金正恩を尊敬し、真似しはじめたという話はすでにしました。

それで、現在のロシアについて、「巨大な北朝鮮」と言うのは一理あります。

何と言っても、プーチンが北朝鮮を真似て行動しているのですから。

しかし、私たちは２０１７年の北朝鮮とアメリカの行動から、「別の教訓」を得ることができます。

それは、「**アメリカは、北朝鮮と戦争しないのだな**」という教訓です。

２０１７年、アメリカと北朝鮮の緊張が極度に高まり、世界中が「戦争か!?」と恐怖していました。

ところが２０１８年になると、一転「和解ムード」が高まりました。

トランプと金正恩は、２０１８年6月シンガポール、２０１９年2月ベトナム、２０１９年6月韓国と北朝鮮の境界線、板門店で会談したのです。

米朝は和解しませんでしたが、関係は「凍結状態」になりました。

そして、私たちは、「アメリカは北朝鮮と戦争したくない」ことを理解しました。

理由は、北朝鮮が核兵器を保有しているからでしょう。

ストックホルム国際平和研究所（ＳＩＰＲＩ）によると、ロシアは２０２３年１月時点で５９７７発の核兵器を保有しています。

これは、５４２８発保有するアメリカよりも多く、世界一。

一方、北朝鮮の保有する核兵器は20発。

アメリカは、**核兵器を20発保有する北朝鮮と戦争ができない**。

それなのに、**５９７７発保有するロシアを侵略することがあり得るでしょうか？**

「ＮＡＴＯ拡大はロシアの大いなる脅威だ」と主張するプーチンを理解することはできます。

既述のように、「31ヶ国の巨大反ロシア軍事同盟」は脅威に思えるでしょう。

しかし、よくよく考えてみると、ＮＡＴＯ拡大はロシアの脅威ではないのです。

じつを言うと、プーチンの最側近も、この事実を知っています。


『ロイター』２０２３年3月27日付。

〈ロシアのプーチン大統領の側近であるニコライ・パトルシェフ安全保障会議書記は、ロシアは自国が存亡の危機に陥った場合には**米国を含めたあらゆる敵を破壊可能な武器を持っている**と訴え、米政府が**ロシアの核の力**を過小評価していると警告した。〉

というわけで、開戦理由の1番目、「**NATO拡大はロシアの脅威である。だからNATO拡大、ウクライナのNATO加盟を阻止しなければならない**」は理解できるが、勘違いであることがわかりました。

次に、2番目の「**ウクライナ軍がルガンスク州、ドネツク州のロシア系住民を迫害している。彼らを救う必要がある**」と、3番目の「**ウクライナの現政権はネオナチである。だからウクライナを『非ナチ化』『非軍事化』しなければならない**」について。

この二つは、セットで考える必要があるでしょう。

というのも、国際社会は、ゼレンスキー政権を「ネオナチ」とは考えていないからです。

ユダヤ系であるゼレンスキーが、ユダヤを憎悪しているネオナチ？

この一つの事実だけでも、プーチンのロジックは奇妙です。

そして、ゼレンスキーは2019年4月に実施された大統領選挙で、現職のポロシェンコを破って大統領に就任しました。

国際社会は、ゼレンスキーが「完全に民主的な選挙で当選した」と認識しています。

彼は「ネオナチ」ではなく、「民主的な」大統領なのです。

どちらかというと、世界中で「プトラー」（プーチン＋ヒトラー）と呼ばれているプーチンを、「ヒトラーの再来」と考える人が多いでしょう。

では、プーチンは、なぜゼレンスキーを「ネオナチ」と呼ぶのでしょうか？

その理由は、**2番目の「ウクライナ軍がルガンスク州、ドネツク州のロシア系住民を迫害している。彼らを救う必要がある」**と関係があるのです。

ウクライナ軍がルガンスク州、ドネツク州のロシア系住民を迫害している。

これは「事実」と言えるでしょう。

私の妻は、父親がウクライナ人、母親がロシア人です。

それで、ウクライナ人ともロシア人とも話ができる立場にいます。

彼女がルガンスク州出身者たちに話を聞いたところ、ウクライナ軍が残虐行為をしていたというのは事実だそうです。

そのため、プーチンが2022年9月にルガンスク州を併合したとき、喜んだルガンスク州、ドネツク州の住民がたくさんいました。

プーチンが民主的選挙で選ばれたゼレンスキーを「ネオナチ」と呼ぶのは、「ウクライナ軍がルガンスク州、ドネツク州のロシア系住民を迫害したこと」とセットで考えるとわかるのです。

とはいえ、2019年に大統領になったゼレンスキーではなく、前任のポロシェンコ（在任2014～2019年）を「ネオナチ」と呼ぶべきでしょう。

しかし、この件についても、プーチン支持者が誤解している点があります。

何でしょうか？

「そもそも、ウクライナ軍はなぜルガンスク州、ドネツク州のロシア系住民を迫害したのか？」

ということです。

理由は、２０１４年にウクライナ内戦が勃発したからです。

内戦は、ウクライナと、２０１４年４月にウクライナからの独立を宣言したルガンスク州、ドネツク州の「親ロシア派」の間で起こりました。

では、なぜルガンスク州、ドネツク州の親ロシア派は、独立を宣言したのでしょうか？

これは、もちろんプーチンが「そうしろ」と命令したからでしょう。

イーゴリ・ギルキンという男がいます。

ロシアの連邦保安庁（ＦＳＢ）の元大佐です。

極右の彼は、ロシア―ウクライナ戦争支持ですが、一向に勝てないロシア軍やプーチン自身を痛烈に批判していました。そのせいで逮捕され、現在刑務所にいます。

そんなギルキンは２０１４年5月から8月まで、ウクライナからの独立を宣言した「ドネツク人民共和国」の国防相を務めていました。

彼は、ロシア紙『ザヴトラ』（「明日」という意味）２０１４年11月20日付で、こう語っています。

〈私は戦争開始のトリガーを引きました。もし我々の分隊が国境を越えなければ、ハリコフ人民共和国またはオデッサのように最後は失敗していたでしょう。実際、現在まで続くこの戦争のはずみ車は私たちの部隊によって回されたのです。そして、私はそこで起こっていることに個人的な責任を負っているのです。〉

要するにギルキンは、FSBがウクライナ内戦を勃発させたことを認めています。

別の言葉では、プーチンの意向でウクライナ内戦を起こしたことを認めている。

ある国から、ある自治体が勝手に独立を宣言した。

そのとき、普通の国なら内戦が勃発します。

チェチェン共和国は1991年、ロシアからの独立を宣言しました。

そのとき、ロシア政府は、「はい、そうですか。がんばって独立してください」とは言いませんでした。内戦が勃発し、さまざまな悲劇が起こったのです。

開戦理由の2番目と3番目については、「確かにウクライナ軍は、ルガンスク州、ドネツク州のロシア系住民を迫害した」と言えます。

しかし、「その理由をつくったのは、ルガンスク州、ドネツク州の親ロシア派に独立宣言させたプーチンだ」と言えるのです。

つまり、**ルガンスク州、ドネツク州の悲劇の根本原因は、「プーチン自身」**なのです。

というわけで、プーチンの四つの開戦理由は「**どれも説得力がない**」ことがわかりました。

●プーチンとロシアはどうすべきだったのか？

次に、プーチンとロシアはどうすべきだったのかを考えてみましょう。

既述のように、プーチンの1期目と2期目（2000～2008年）は、彼の黄金時代でした。GDP成長率は年平均7％だった。

ロシアは、フランス、ドイツ、中国とともに「多極主義陣営」を率い、アメリカの理不尽なイラク戦争に反対していました。

2005年5月9日の「対独戦勝記念日」のパレードの様子をYouTubeで見ると、参加者の顔ぶれが非常に興味深いです。

日本・小泉首相、アメリカ・ブッシュ大統領、ドイツ・シュレーダー首相、フランス・シラク大統領、中国・胡錦濤国家主席、インド・シン首相、イタリア・ベルルスコーニ首相、アナン国連事務総長、独立国家共同体（CIS＝旧ソ連諸国）の首脳たちが、モスクワ「赤の広場」に集結していました。

プーチンには当時、これだけの首脳を一堂に集めるだけの力があったのです。

しかし、ウクライナ侵略を開始した2022年。戦勝記念日に参加した外国首脳は、一人もいませんでした。

というわけで、「プーチンは2008年に完全引退しておけばよかった」と書いたのです。

そうすれば彼は、ソ連崩壊後のロシアを救った真の英雄として歴史に名を残すことができたでしょう。

しかし、プーチンは権力にしがみつき、破滅の道を選びました。


では、ロシアはどうすべきだったのでしょうか?

2008年8月のロシア―グルジア(現・ジョージア)戦争と9月のリーマンショックのあと、「米ロ再起動時代」が始まったという話をしました。

ロシアがアメリカとの「再起動時代」を続けていれば、どうだったでしょうか?

欧米との決定的な対立を回避できた可能性が高いと思います。

なぜでしょうか。

2008年に起こった「100年に一度の大不況」で世界が変わったからです。

つまり、「アメリカ一極世界」が崩壊した。

そして、2009年からは「米中二極時代」が始まりました。

アメリカの主敵は、ロシアから中国に移っていく。

そして、アメリカの戦略文化は、「二正面作戦」を望まないのです。

さらに、アメリカの戦略を練るリアリストたちの本質は、「バランス・オブ・パワー」(勢力均衡)を回復し、維持することです。

そこに「主義」は関係ありません。

どういうことでしょうか。

アメリカは、ナチスドイツに勝つために、最大の敵である共産ソ連と組みました。

第二次世界大戦に勝利したアメリカは、旧敵の日本、ドイツ(西ドイツ)と組み、ソ連と対峙《たいじ》しました。

それでも劣勢になってきたアメリカは1970年代初め、全く主義が異なる共産中国と組むことにしたのです。

こういう歴史に鑑みると、アメリカが、「中国に勝つためにロシアと組む」可能性は十分ありました。

ロシアは、「アメリカの手下」になる必要はないのです。

現在インドは、日米豪とクアッドを形成し、良好な関係にあります。

その一方で、中国、ロシアが主導する上海協力機構やBRICSのメンバーでもある。

要するに、インドはどちらの陣営にも完全には属さず、国益ベースで自立外交を行っているのです。

ロシアが「米ロ再起動時代」を続ける選択をしていれば、米中二極時代にロシアは、現在のインドのような自立外交を行える可能性があったはずです。

何と言っても、ロシアはエネルギーも食料も自給でき、さらに世界一の核兵器保有国なのですから。


この話を聞いて、ロシア人は問うでしょう。

「ロシアがアメリカとの再起動時代を継続すると決意したら、アメリカの反ロシア政策はなくなるのか？　彼らは、ウクライナやジョージアをＮＡＴＯに入れるのをやめるのか？」と。

これは、はっきりわかりません。

「いまは中国問題が最重要だから、ＮＡＴＯを拡大してロシアを挑発するのはやめよう」となるかもしれません。

あるいは、「ロシアがおとなしくしているいまがチャンスだ。ウクライナとジョージアをＮＡＴＯに入れてしまおう」となるかもしれません。

いずれにしても、既述のように、ＮＡＴＯ拡大は世界一の核超大国ロシアにとって脅威ではありません。

だから、ウクライナやジョージアは放置しておけばいいのです。

両国は、かつてソ連の一部でしたが、いまは独立国家です。

彼らがどうふるまうかは、彼ら自身が決めることであり、ロシアが内政干渉すべきではありません。

そして、冷静に考えると、ウクライナやジョージアの動向にロシアが右往左往する必要はないのです。

さて、「米ロ再起動時代」が続いたとして、ロシア政府は何をすべきなのでしょうか。

経済成長です。

ロシアの人口は2023年時点で一億四六四五万人。

日本は一億二四二四万人。ロシアは日本より人口が二二二一万人多い。

一方、日本のGDPは2022年、4兆2375億ドル。ロシアは2兆2442億ドルで、日本の約半分です。

日本の一人当たりGDPは2022年、3万3853ドル。ロシアは1万5645ドルで、半分以下になっています。

ちなみにアメリカのGDPは2022年、25兆4627億ドルで、**ロシアの11倍です**。

アメリカとロシア、経済規模でこれほど差があるのに、プーチンはアメリカに立ち向かっている。

〝判官びいき〟の日本人の一部が、彼を支持する気持ちもわかります。

しかし、プーチンが直接攻撃しているのは、アメリカではなく、自分よりもはるかに弱い（と思われた）ウクライナです。

プーチンはアメリカとは直接対峙せず、ウクライナを「いじめている」とも言えるでしょう。

というわけで、ロシアはアメリカとの再起動時代を続けつつ、ひたすら経済成長に励むべきでした。

ロシア経済が成長しなくなった二つの理由がありました。

一つは、シェール革命によって、原油価格が2000年代ほどは上がらなくなったこと。

もう一つは、クリミア併合後の欧米、日本による対ロ経済制裁です。

「米ロ再起動時代」が続いていれば、ロシアはクリミアを併合しなかったでしょう。

それで、対ロシア経済制裁はなかったはずです。

ネガティブ要因は、「原油価格が以前ほど上がらないこと」の一つだけになります。

原油価格が上がらなければ、ロシアの経済成長は不可能なのでしょうか？

そうは思いません。

世の中には、資源がなくても豊かさを実現している国はたくさんあります。

たとえば日本、シンガポール、台湾などは代表的でしょう。

ロシア経済は、どうすれば成長できるのでしょうか？

いろいろありますが、たとえば地方へのインフラ投資を進めることで、成長を実現できるでしょう。

世界一広大な領土をもつロシア。首都モスクワやサンクトペテルブルクは、日本からの観光客が驚愕《きょうがく》するほど発展しています。

しかし、モスクワやサンクトペテルブルクから少し離れた郊外に行くと、19世紀とあまり変わらない風景が広がっているのです。

資源超大国ロシアには、「ガスが来ていない場所」「道路がない場所」があまりにもたくさんあります。

それらを整備していくだけで、景気はどんどん良くなっていくはずです。

そして、経済の自由化を進め、外資をどんどん呼び込むことも必要でしょう。

ところが、実際のプーチンは、外資が逃げることばかりしてきました。

２００８年のロシア―グルジア戦争、２０１４年のクリミア併合、２０２２年からのロシア―ウクライナ戦争など。

２０２２年２月にウクライナ侵攻が始まった直後、とても多くの外国企業がロシアへの輸出停止、取引停止を発表しました。

そのリストを挙げると、

Audi、General Motors、Jaguar Land Rover、Scania、Skoda、Porsche、BMW Group、Ford、Hyundai、Mercedes-Benz、Renault、Volkswagen、Volvo Group、Daimler Truck、トヨタ自動車、日産、三菱自動車、マツダ、スズキ、スバル、Airbus、Boeing、Adidas、Henkel、Cartier、Chanel、H&M、IKEA、Inditex（＝Zara）、Kering（＝Gucci,Yves Saint Laurent）、Louis Vuitton Moet Hennessy、Mango、Marks & Spencer、Prada、eBay、Nike、iHerb、Hermes、Lego、American Express、Apple Pay、MasterCard、SWIFT、Visa、Google Pay、Samsung Pay、PayPal、JCB、McKinsey、Adobe、Apple、Cisco Systems Inc.、Dell、Ericsson、Intel、Nokia、Samsung、Siemens、TSMC、Hitachi、Microsoft、Oracle Corp、Panasonic、BP（British Petroleum）、Exxon Mobil（サハリン1から撤退）、Shell（サハリン2から撤退――LNGの拠点。三菱商事、三井物産も出資）、Komatsu、DHL、FedEx、UPS、Paramount、Sony Pictures、The Walt Disney Company、Universal Pictures、Warner Bros.、BBC Studios、Netflix、Nintendo、PlayStation Store、Google、Facebook、Instagram、TikTok、Airbnb、McDonald's、Danone、Heineken、ABC、BBC、Bloomberg、CBC、CNN、スターバックスなど。

これを見て、考えさせられます。

一つは、プーチンの戦術的決断によって、ロシアはこれらの企業を失ったということ。

もう一つは、「こんなに多くの世界的企業が、ロシアと取引をしていたのだな」という事実です。

米ロ再起動時代が続き、これらの企業がロシアでの活動や、ロシアとの取引を続け、さらに多くの外資がロシアに投資していたら？

原油価格がそれほど高くなくても、ロシア経済は発展・成長することができたのではないでしょうか。

ところが実際は、２０１２年大統領に返り咲いたプーチンは、即座に「米ロ再起動時代」をぶち壊し、シリア内戦やウクライナ問題で欧米と対立するようになりました。

そして、２０１４年のクリミア併合で経済制裁を科され、ロシア経済はまったく成長しなくなったのです。

とはいえ、既述のように、日本、アメリカ、ドイツなどが、それぞれの事情でロシアとの和解を望みました。

しかし、プーチンは、頑なな姿勢を崩すことなく、日本や欧米との関係は悪化しつづけたのです。

ここでもプーチンは、チャンスを逃しています。

まとめてみましょう。

プーチン・ロシアは、どうすべきだったのでしょうか？

・２００９年に始まった「米ロ再起動時代」を維持すべきだった。
・２００８年の経済危機で「アメリカ一極世界」は崩壊し、「米中二極時代」が始まった。
・勝利するために敵と組むことが日常茶飯事のアメリカが、プーチン・ロシアと組む可能性は十分あった。
・米中覇権戦争の世界でロシアは、現在のインドがそうであるように、どちらにも属さず自立した立場を取れる可能性があった。
・ロシアは、食料やエネルギーの自給国であり、世界一の核超大国だからだ。
・欧米や日本との和解を続けるロシアは、インフラ投資と外資誘致策を続けることで経済を成長させることができただろう。

国のパワーは、経済力、軍事力、人口によって決まります。

すでに世界一の核兵器保有数によって国の安全を確保しているロシアは、日本や欧米と和解して、ひたすら経済成長に励むべきだったのです。

経済成長が進むのに比例して、ロシアの影響力は強まっていったことでしょう。

これが「**大戦略的な進み方**」です。

しかし、プーチンは、欧米と絶え間なく争う道を選び、結局破滅への道を進んでいったのです。

まさに「**戦術脳の悲劇**」です。

●プーチンの失敗から学べること

日本がプーチンの失敗から得ることができる教訓は、何でしょうか。

簡潔に言えば、

「**何かの行動を起こす前に、行動の結果を慎重に検討しなければならない**」

ということでしょう。

プーチンは、「ウクライナ侵攻」の結果を、とても楽観的に見ていました。

・ウクライナ特別軍事作戦はごく短期間で終わるだろう。ゼレンスキーは逃亡し、ロシア軍はすぐにウクライナの首都キエフを陥落させることができるだろう。

・ロシアへの資源依存度が高い欧州は、厳しい対ロ制裁を科すことができないだろう。結果、ロシア経済は打撃をほとんど受けない。

などと甘い見通しをもって、ウクライナ侵略に突き進んでいったのです。

しかし、ウクライナとの戦争は長期化し、欧米と日本は、ロシアに厳しい制裁を科しています。ロシアは、国際的に孤立。国際刑事裁判所は、プーチンに「逮捕状」を出しました。ロシアで活動していた欧米、日本企業は、大挙して撤退。ベラルーシ以外の旧ソ連諸国は、ロシアの影響圏から離脱しつつあります。

そして、ドル圏、ユーロ圏から排除されたロシアは、人民元圏に入るしか道がなく、実質「中国の属国」になってしまいました。

こういう「甘い見通し」で失敗したのはプーチンだけではありません。


第一章では、「戦術的勝利」と「戦略的敗北」の例を挙げました。

たとえば1905年、「南満洲鉄道を共同経営する」という「桂（太郎首相）・ハリマン仮協定」破棄を決めたとき、日本政府は、「そのことが原因でアメリカ政府が反日になり、日米戦争の遠因になる」とは考えなかったでしょう。

第一次世界大戦で日本政府がイギリスの「陸軍派兵要請」を拒否したとき、それが原因で日英同盟が破棄されるとは考えなかったでしょう。

満洲利権に入れなかったアメリカと、陸軍派兵要請を拒否されたイギリスが、日本と対立する中華民国政府を強力に支援し、日本を苦しめるとは想像もできなかったでしょう。

1941年7月、南部仏印に日本軍を進駐させたとき、それが原因でアメリカから石油を止められるとは思いもよらなかったでしょう。

これについては、幣原喜重郎《しではらきじゅうろう》元外務大臣（戦後、総理大臣）の著書『外交五十年』から近衛文麿《このえふみまろ》に関する部分を引用しておきました。再度ここでご紹介しておきましょう。

〈「そうですか。それならば私はあなたに断言します。**これは大きな戦争になります**」と私がいうと、**公は、「そんなことになりますか」と、目を白黒させる。**

（中略）

じっと聞いていた近衛公は顔面やや蒼白になり、「何か他に（引用者注：軍を引きかえさせる以外に）方法がないでしょうか」という。

「それ以外に方法はありません。この際思い切って、もう一度勅許を得て兵を引き返す他に方法はありません。

それはあなたの面子にかかわるか、軍隊の面子にかかわるか知らないが、もう面子だけの問題じゃありません」と私は断言したのであった。

（中略）

こうして私が予言した通り、仏印進駐がきっかけとなって、とうとう大戦に突入してしまった。〉

これを読むと、近衛文麿総理が、南部仏印進駐の結果を完全に読み間違えていたことがわかります。

ヒトラーは、「ソ連を攻撃することが、ナチスドイツの敗北につながる」とは、まったく考えていなかったでしょう。

ブッシュ大統領は、国際法に違反してイラクを攻撃することが、アメリカの没落につながるとは想像もできなかったでしょう。

このように私たちの歴史には、**「何かの行動を起こす前に、行動の結果を慎重に検討せず失敗した例」がたくさんあります。**

ですから日本は、これから「**何かの行動を起こす前に、行動の結果を慎重に検討しなければならない**」のです。

●日本が核兵器保有に突き進んだら？

「**何かの行動を起こす前に、行動の結果を慎重に検討しなければならない**」

と言われても、具体的にイメージできないかもしれません。

ですから、例を一つ挙げておきましょう。

日本には、「わが国は核武装すべきだ」と主張する人が一定数います。

じつを言うと、軍事的観点からすると、私自身も「可能ならば、そうすべきだ」と思います。

北朝鮮の例を挙げました。

アメリカは、核兵器をもたないアフガニスタン、イラク、リビア、シリアなどを躊躇《ちゅうちょ》なく攻撃しました。

しかし、貧しい小国、北朝鮮を先制攻撃することはありませんでした。

理由はもちろん、北朝鮮が核兵器を保有しているからです。

つまり、最貧国の北朝鮮は、核を保有することで、世界最強国家アメリカから攻撃されないだけの抑止力を手に入れたのです。

日本は、中国、ロシア、北朝鮮という三つの核保有国と接しています。

それで、「日本は核武装すべきだ」と主張する人を理解することはできます。

しかしながら、仮に日本で対中露北強硬派の総理が誕生し、核武装に邁進《まいしん》、それを達成したとしましょう。

日本が核保有国になる。

私は、「核を保有できた」ことが**「戦術的勝利」「戦略的敗北」になる可能性が高いと思います。**

なぜでしょうか？

核兵器を保有することで、北朝鮮は、確かに「抑止力」を手に入れました。

世界最強国家アメリカでも、北朝鮮を先制攻撃できません。

しかし、北朝鮮に関しては、「別の側面」もあります。

何でしょうか。

北朝鮮は、厳しい経済制裁を科され、最貧国の状態にずっと置かれているという事実です。

日本が核保有すれば、日本は、もっとも強力な抑止力を手にします。

しかし、日本の核保有に反対するのは、中国、ロシア、北朝鮮、韓国などのいわゆる「反日国家」ばかりではないでしょう。

アメリカ、イギリス、フランスなど、どう動くのでしょうか？

私は、この3国も日本の核武装には反対だと思います。

実際、バイデン氏は副大統領時代、以下のような率直な発言をしたことがあります。


〈バイデン米副大統領は15日、東部ペンシルベニア州スクラントンで民主党大統領候補のヒラリー・クリントン前国務長官（68）の応援演説をし、「**私たちが（日本を）核武装させないための日本国憲法を書いた**」**と語った。**〉

『毎日新聞』２０１６年8月16日付。


この言葉からもわかるように、アメリカは日本の核武装に反対でしょう。

イギリス、フランスも同様だろうと思います。

つまり、国連安保理で拒否権をもつ常任理事国アメリカ、イギリス、フランス、ロシア、中国は、すべて日本の核兵器保有に反対なのです。

となると、国連安保理は、日本に強力な経済制裁を科すことになるでしょう。

日本は、現在の北朝鮮のような状況になってしまうのです。

エネルギー自給率も食料自給率も低い日本が、強力な経済制裁に耐えていけるとは到底思えません。

これが、**核武装による「戦略的敗北」という意味です。**

では、核保有国が核兵器を同盟国と共有する「ニュークリア・シェアリング」なら、どうでしょうか？

アメリカは2022年時点で、ドイツ、イタリア、オランダ、ベルギー、トルコとニュークリア・シェアリングを行っています。

ここに、「旧枢軸国」であるドイツ、イタリアが入っていることに注目してください。

ニュークリア・シェアリングでも、もちろん中国、ロシア、北朝鮮は大反対するでしょう。

しかし、アメリカが賛成すれば、イギリス、フランスも反対しないでしょう。

つまり、この場合、日本が世界を敵に回したり、国連から経済制裁されるような事態は起こりません。

●もう一つの教訓

日本がプーチンの失敗から得ることができる教訓は、「**何かの行動を起こす前に、行動の結果を慎重に検討しなければならない**」ということでした。

もう一つ、「**戦術的、短期的、近視眼的ではなく、戦略的、長期的、大局的に考えること**」もとても大事です。

プーチンは、「クリミアをどうすれば奪うことができるだろうか？」と考え、それを成し遂げました。

しかし彼は、「クリミア併合」が長期的にどのような影響を与えるのかまでは考えなかったのでしょう。

クリミア併合で経済制裁を科され、ロシア経済が長期的に超低成長になることを予想していれば、それを行わなかったでしょう。

この「**戦術的、短期的、近視眼的ではなく、戦略的、長期的、大局的に考えること**」について、世界情勢とは関係ないのですが、例を一つ挙げておきましょう。

なぜ日本が「暗黒の30年になったのか」についてです。

2023年2月に出版されベストセラーになった『安倍晋三 回顧録』（安倍晋三著　中央公論新社）を読めば、**財務省が時の総理大臣を操り、常に増税させてきたことが原因であることは明らかです。**

1988年、日本はGDP世界2位で、なおかつ「一人当たりGDP」でも世界2位でした。

1980年代、日本は繁栄を極め、世界中の人が、「日本は近い将来、アメリカを抜く」と信じていたのです。

しかし、34年後の2022年、日本の一人当たりGDPは、何と31位まで落ちてしまいました。

まさに、「暗黒の30年」です。

なぜこんなことになったのでしょうか？

まず、日本のバブル経済が崩壊したのは、大蔵省（現・財務省）が1990年3月に出した、不動産取引の「総量規制」通達が原因でした。

『東洋経済オンライン』2023年3月9日付「バブル崩壊『総量規制』がもたらした大衝撃の記憶」で、大和証券元常務取締役・恩田《おんだ》饒《ゆたか》氏が以下のように書いています。

〈1990年3月27日に総量規制が「土田局長通達」として発出される。

その内容は、行き過ぎた不動産価格の高騰を沈静化させるために、金融機関の土地取引に対する融資の伸び率を抑えようとするもので、

①不動産向け融資の伸び率を総融資の伸び率以下に抑えること
②不動産業、建設業、ノンバンクに対する融資の実態調査を実施する
というものだった。

この通達は、劇薬のような効果を発揮した。日銀の引き締め策とも相まって、土地バブルも崩壊の道をたどることになる。〉

大蔵省の失策で、日本の繁栄は終わってしまいました。

しかし、じつを言うと、これで「暗黒の10年」が確定したわけではないのです。

その後のGDPの推移を見てみましょう。

バブルが崩壊した1990年、日本のGDP成長率は4・89％でした。

いまから考えると、〝うらやましい〟数字です。

しかし、1991年3・42％、1992年0・85％、1993年マイナス0・52％。

まさに「バブル崩壊」が数字で表れています。

ところが、1994年から変化が見られます。

1994年0・88％、1995年2・63％、1996年3・13％。

これを見ると、バブル崩壊後の不況はマイナス0・52％だった1993年が底で、その後、1994年0・88％、1995年2・63％、1996年3・13％と成長が加速していることがわか

ります。

このまま政府が何もしなければ、日本に「暗黒の10年」はなかった可能性が高いのです。

ところが、1997年0・98％、1998年マイナス1・27％、1999年マイナス0・33％。

「暗黒の10年」になってしまいました。

何が起こったのでしょうか？

そう、**1997年に、消費税率が3％から5％に引き上げられた**のです。

これで、日本の「暗黒の10年」が確定しました。


では、2000年代はどうだったのでしょうか？

消費税率は引き上げられませんでした。

しかし、2001年から2006年まで続いた小泉純一郎政権の「緊縮路線」で、暗黒時代は続いていきます。

日本経済研究センターによる2019年4月17日付レポート「財政再建 vs 積極財政 平成時代における財政再建への挑戦」における日本経済研究センター理事・研究顧問、大正大学教授小峰隆夫氏の記事を見てみましょう。


〈小泉政権下での財政改革は、小さな政府を志向し**歳出削減に力を入れた点が大きな特徴であっ**

た。小泉改革の「民間でできることは民間で」というスローガンからすれば当然のことだった。

とりわけ公共投資の抑制には熱心だった。景気が悪くなると財政出動という従来型のやり方には批判的で、小泉内閣では財政出動型の経済対策はほとんど行われなかった。国・地方を合わせた公共投資全体に相当する公的固定資本形成の名目GDP比は、2001年度の4・9％から06年度には3・3％まで低下している。

その財政再建路線の集大成とも言うべきものが2006年の骨太方針で示された財政再建方針であった。この方針では、まずは2011年度にプライマリー・バランスを黒字化するという目標と、「まずは歳出削減、それでも残る部分は増税で対応」という基本方針が示された。〉

小泉総理が歳出削減に力を入れた結果、日本経済は成長することができませんでした。結果、小泉政権6年間のGDP成長率は、年平均1・2％だったのです。

しかし、そのわずかな成長も、2008年に「リーマンショック」から始まった「100年に1度の大不況」で吹き飛んだ感じです。

2008年はマイナス1・22％、2009年はマイナス5・69％でした。

こうして、「暗黒の10年」が「暗黒の20年」になりました。

日本国民が復活の可能性を感じたのは、2012年12月に安倍氏が総理大臣に返り咲いたあとです。

2013年は株がどんどん上がり、「ついに日本は暗黒の20年から脱却できる」という雰囲気が満ちていました。

ちなみに2013年のGDP成長率は、2・01％でした。

ところが翌2014年のGDP成長率は、0・3％に減速しました。

何が起こったのでしょうか？

そう、**消費税率が5％から8％に引き上げられた**のです。

さらに安倍政権は2019年、**消費税率を8％から10％に引き上げました**。

結果、安倍氏が総理を務めた2013年（安倍氏が総理に返り咲いたのは2012年ですが、就任は12月なので、2012年の成長率はカウントしません）から2020年までの経済成長率は、年平均0・28％でした。

「暗黒の30年」確定です。


安倍政権には、「失業率が下がった」「株が上がった」などの成果はあります。

しかし、全体として「失敗だった」と言わざるを得ないでしょう。

このように、日本が「暗黒の30年だった」のは、明らかに「**タイミング最悪の増税**」であったことがわかります。

私たちはいままで、「日本政府がバカだから」「総理がバカだから」、「最悪のタイミングで増税して日本の暗黒時代を引き延ばしてきた」と思ってきました。

ところが、『安倍晋三 回顧録』によって、「**暗黒の30年の真因は、財務省にあった**」ことが明らかになりました。


安倍元総理は、『回顧録』で「財務省との戦い」を詳細に語っています。

２０１２年６月、野田政権下で、民主、自民、公明の「三党合意」が成立しました。

２０１２年12月総理に返り咲いた安倍氏は２０１４年、合意に従って消費税率を５％から８％に引き上げました。

そして、「三党合意」では、消費税率を２０１５年に８％から10％に引き上げることになっていました。

安倍総理は、これに抵抗し、４年間延長することに成功しています。

なぜ消費税率再引き上げを延長したかというと、

〈14年に見送りを決めたのは、８％に増税したことによる景気の冷え込みが酷過ぎたからです。〉

（『安倍晋三 回顧録』３１０頁）

既述のように、２０１３年、日本経済は久しぶりに「これから好景気が来るぞ」という期待に満ちあふれていました。

ところが、２０１４年に消費税が上がると、もう沈んでしまったのです。

これも既述ですが、アベノミクス初年度の２０１３年、ＧＤＰ成長率は２・01％でした。

消費税が上がった２０１４年は、わずか０・３％です。

ところで、財務省は、こういう結果を予想していたのでしょうか？

〈財務省は、８％に引き上げてもすぐに景気は回復する、と説明していたけれど、14年の国内総生産（ＧＤＰ）は、４～６月期、７～９月期と２四半期連続でマイナス成長でした。〉（前掲書３１０頁）

安倍元総理によると、財務省は、マイナス成長になったことを全然気にしておらず、２０１５年に予定どおり再引き上げを行うよう圧力をかけてきたそうです。

具体的には麻生副総理兼財務相を使って、説得しようとした。

ところが安倍氏は、逆に麻生氏を説得し返したそうです。

さらに財務省は、驚くべき手を打ってきました。

〈財務官僚は、麻生さんによる説得という手段に加えて、谷垣禎一幹事長を担いで安倍政権批判を展開し、私を引きずり下ろそうと画策したのです。〉（前掲書　311頁）

安倍氏は、憤りつつ、言います。

〈彼らは省益のためなら政権を倒すことも辞さない。〉（前掲書　311頁）

ここで、注意が必要です。安倍氏は、

〈彼らは〝**省益**〟のためなら政権を倒すことも辞さない。〉

と言いました。

〈彼らは〝**国益**〟のためなら政権を倒すことも辞さない。〉

とは言っていません。

安倍総理は、「財務省は、〝**国益**〟ではなく、〝**省益**〟**ファーストで動いている**」と見ていました。

さらに安倍総理は、「森友問題も財務省の策略だ」と考えていたそうです。

これは「陰謀論者」が言っているのではありません。

日本史上最長政権を担った歴史的総理大臣が言っているのです。

〈私は密かに疑っているのですが、森友学園の国有地売却問題は、私の足を掬うための**財務省の可能性がゼロではない**。〉（前掲書　313頁）

というわけで、安倍総理と財務省の暗闘は、7年9ヶ月ずっと続いていたそうです。
財務省について、安倍総理は、決定的な発言をされています。
財務省は
〈国が滅びても、財政規律が保たれてさえいれば、満足なんです。〉（前掲書　313頁）

私は、なぜこの話をしたのでしょうか？

プーチンの失敗から「**戦術的、短期的、近視眼的ではなく、戦略的、長期的、大局的に考えること**」が大事だと書きました。

プーチンほどではないですが、日本でも悲劇が起こっていたということです。

財務省は、日本国の借金を減らすために、歴代総理を操って増税をさせてきたのでしょう。

財務省は、未曽有の大災害だった東日本大震災すら利用して増税を行わせたのです（復興増税）。

〈東日本大震災復興の財源にするために、民主党政権が復興特別税を持ち出してきます。**財務省の入れ知恵で、所得税、住民税、法人税に上乗せする形で徴収するというものです。**〉（『安倍晋三vs財務省』田村秀男・石橋文登著　育鵬社　45頁）

そして、財務省も民主党政権も、被災者のことをあまり考えていなかったのでしょうか。

〈所得税・住民税・法人税の上乗せとなると、東日本大震災で被災した人たちにまで増税することになります。被災地の人たちにとっては踏んだり蹴ったりです。〉（前掲書　46頁）

しかし、日本国の借金を減らすために増税をさせつづけるという考えは、極めて**戦術的、短期的、近視眼的でした。**

というのも、**度重なる増税のせいで、日本経済はほとんど成長しないという異常な状態が30年も続くことになった**からです。

日本政府が増税をせず、経済成長を促す政策を行っていれば、日本経済は成長し、税収もどんどん増えていったことでしょう。

これも「**戦術脳の悲劇**」です。

●個人の教訓

「何かの行動を起こす前に、行動の結果を慎重に検討しなければならない」「戦術的、短期的、近視眼的ではなく、戦略的、長期的、大局的に考えること」

この二つは、個人の教訓にもなり得ます。

テレビニュースを見れば、「行動の結果を考えなかった人」「戦術的な勝利を得て、戦略的に敗北した人」の話が、毎日山ほど出てきます。

たとえば、詐欺をして逮捕された人。

その人は、「目先の金を得る」という戦術的勝利を得ましたが、逮捕されて戦略的に敗北したのです。

賄賂をもらう人、賄賂をあげる人。麻薬を売る人、麻薬をやる人。パワハラ、セクハラ、モラハラをする人。

これらの人たちも、戦術的勝利を得ていますが、逮捕されたら「人生棒に振る」という戦略的敗北状態になります。

日本でも世界でも、「目先の欲望を満たす」（戦術的勝利）ために違法行為をすれば、「逮捕」という戦略的敗北が待っています。

よほど注意しなければなりません。

これは、企業でも言えることです。

あまりにも長時間労働をさせたり、あまりにも低賃金だったり、産地偽装したりすれば、目先の利益（戦術的勝利）を得ることはできるでしょう。

しかし、その実態が世間にバレた時点で戦略的敗北が確定します。

そして、個人の戦略的敗北は、違法行為だけとは限りません。

仕事をサボれば、リストラされるリスクが高まります。

一方で、仕事をしすぎれば、健康を損なったり、家庭が崩壊するリスクも出てきます。

商品を高く売れば「ぼったくり！」と非難され、安く売れば利益が出ず、赤字に転落します。

食べすぎれば肥満になり、食べなければ不健康になります。

お金を倹約しすぎれば妻（あるいは夫）から「ケチ！」と言われ、お金を使いすぎればサラ金のお世話になることになります。

これらの例を見れば、人生はバランスが重要であることがわかるでしょう。

自分自身の状態をいつも確認し、ネガティブ面を修正しつつ、一歩一歩注意深く進んでいく必要がある。

私たちは常に、**戦略的、長期的、大局的に考え、結果を慎重に検討したうえで行動する必要があるのです。**

日本は戦後長らく「会社の言うことに従っていれば生涯安泰」という時代が続きました。

しかし、バブル崩壊によって「終身雇用神話」「年功序列神話」は崩壊しました。

いまの日本では、転職が当たり前で、賃金水準は実力次第になりました。

「いい」「悪い」はともかく、「自己責任の時代」が到来しています。

ですから**私たち一人ひとりが、戦略的、長期的、大局的視野をもつ人間になっていく必要があるのです。**

そんな人間が増えるほど、日本は復活に近づいていくでしょう。

おわりに ～大混乱のあとに訪れる繁栄の時代

ここ数年、「世界では大混乱の時代が続いている」と言えるでしょう。

２０１８年、ペンス副大統領の「反中演説」から「米中覇権戦争」が始まりました。

２０２０年、２０２１年、新型コロナパンデミックで世界は一変しました。

２０２２年、ロシアがウクライナに侵攻。世界的インフレが起こりました。

２０２３年、イスラエル―ハマス戦争が始まりました。

そして、世界はいま、「台湾有事」の勃発を恐れています。

習近平が、「ウクライナ、イスラエルを支援しているアメリカに台湾を支援する力はない。いまが台湾を統一する千載一遇のチャンスだ」と考える可能性があるからです。

台湾有事が始まれば、金正恩は「ウクライナ、イスラエル、台湾を支援するアメリカに韓国を助ける余力はない」と判断し、「第二次朝鮮戦争」を起こすかもしれません。

「ロシア―ウクライナ戦争」「中東戦争」「中国―台湾戦争」「北朝鮮―韓国戦争」――この四つが同時に起これば「第三次世界大戦」です。

私たちはいま、第二次世界大戦やソ連崩壊時に匹敵する「大激変」を目撃しています。

そして、今後数年は「大混乱の時代」が続くと見て間違いないでしょう。

大混乱の時代は、短くて２０２５年まで、長くて２０３０年ごろまで続くと思います。

その後、世界のパワーバランスは、どう変わっていくのでしょうか？

まず、ロシアでは２０２４年3月15日〜17日に大統領選挙が実施され、プーチンが5選を果たしました。

ロシアを戦略的に敗北させた人物が大統領を続けることで、この国は、「お先真っ暗」と言えそうです。

アメリカは、どうでしょうか？

19世紀の覇権国家イギリスは20世紀、世界大戦に二度勝利したにもかかわらず衰退していきました。同じように、20世紀の覇権国家アメリカは21世紀、徐々に衰退していくでしょう。

中国の成長期は２０２０年に終わり、すでに低成長の成熟期に入っています。

また中国は、人口急減時代に突入しています。

ベストセラー『未来の年表　人口減少日本でこれから起きること』（講談社現代新書）の著者河合雅司氏によると、中国の人口は２０５０年に七億人台（つまり、現在比で半減）となる可能性が高いそうです。

国力のおもな源泉は「人口」「経済力」「軍事力」です。

中国は、人口が急減することで、経済力、軍事力を拡大しつづけることが困難になっていきます。

米中露の未来が明るくないとすれば、今後台頭してくる国はどこなのでしょうか？

それは、私が２０１４年に出版した『クレムリン・メソッド』（集英社インターナショナル）から一貫して推しているインドです。

インドは、すでに人口世界一の座を中国から奪いました。

そして、中国とは違い、インドの人口がさらに増えつづけていくことは確実。

経済も、２０２０年代が終わるころには世界1～3位になるでしょう。

経済力に比例して、インドの軍事力もどんどん強化されていきます。

それで、日本は今後、インドとの関係を最重要課題として取り組んでいく必要があるのです。

では、わが国日本の未来はどうでしょうか？

「暗黒時代が続く」といった意見がほとんどですが、私は**「日本の未来は明るい」と確信しています**。

なぜでしょうか？

私が28年住んだモスクワから日本に戻ってきたとき、この国の閉塞《へいそく》感の理由は三つあると思いました。

一つ目は、ひどい労働環境。とくに長時間労働。

二つ目は、日本が重税国家であること。

三つ目は、少子高齢化問題。

一つ目の、ひどい労働環境――とくに長時間労働は、「働き方改革」と「新型コロナによるリモートワーク普及」で著しく改善されました。

あとの二つの問題は、いまだに残っています。

しかし、『安倍晋三 回顧録』が大ベストセラーになったことで、日本国民の多くが「暗黒の30年の真因」を理解するようになりました。

故安倍元総理は、〈財務省が総理大臣を操り、景気のことを全く考えず、常に増税させてきた〉ことが「暗黒の30年の真因だった」ことを教えてくれたのです。

「財務省のポチ」と呼ばれる岸田首相は、「新型コロナパンデミック大不況」「ウクライナ戦争大インフレ」で国民が苦しんでいることを気にすることなく、長い増税リストを出してきました。

それに国民が激怒し、岸田内閣の支持率は低迷を続けています。


最近、「絶対的」と思われてきた存在が、アッという間にボロボロになる事例が相次いでいます。

ジャニーズ事務所は、創業者の故ジャニー喜多川氏のセクハラが暴露され、消滅しました。

宝塚歌劇団は、2023年9月に団員の有愛きいさんが自殺したことがきっかけで、劇団の過酷な労働環境やパワハラ問題が暴露されることになりました。

吉本興業は、松本人志氏のセクハラ問題で揺れています。

いずれも、最初に「事実が広く知られ」「変化を迫られる」というプロセスになっています。

「働き方改革」も、電通社員の高橋まつりさんの過労自殺がきっかけでした。

「高齢者自動車免許更新厳格化」は、元通産官僚の飯塚幸三氏（当時87歳）が引き起こした「東池袋自動車暴走死傷事故」がきっかけでした。

2023年、『安倍晋三回顧録』や『安倍晋三vs財務省』がベストセラーになったことは、日本が変わる十分なきっかけになり得ると思います。

「財務省が暗黒の30年の元凶」であることが国民に認知され、同省の弱体化が進み、政府が「増税路線」をやめれば、日本は他国並みの成長を取り戻すでしょう。

「働き方改革」によって得た時間的余裕に経済的余裕が加われば、子供が欲しい人はどんどん産めるようになり、出生率は改善していくでしょう。

経済的に成功している先進国でも少子化は進んでいるため、日本の出生率が人口維持に必要な2・07に回復するとは思いません。それでも、「お金がないから子供はつくれない」という人が減れば、出生率は上がるはずです。

1990年に始まった「暗黒時代」は、現在30年を超えました。

増税路線を掲げる岸田内閣によって、暗黒時代は40年に向かっています。

しかし、「暗黒の40年」が「暗黒の50年」になることはないでしょう。

日本は、長かった暗黒時代を超えて、繁栄の時代に向かっていきます。

いまは夜明け前の「もっとも暗い時代」なのです。

しかし、**夜のあとには必ず朝が来ます。**

朝が近いことを知り、この困難な時代を乗り越えていきましょう。


最後まで読んでくださった皆さん、ありがとうございました。

この本が興味深いと思われた方は、私が配信している無料メルマガ「ロシア政治経済ジャーナル」にご登録ください。

最新の世界情勢分析をお届けしています。

２０２４年３月20日

北野幸伯

北野幸伯（きたの・よしのり）
国際関係アナリスト。1970年生まれ。19歳でモスクワに留学。1996年、ロシアの外交官養成機関である「モスクワ国際関係大学」(MGIMO)を、日本人として初めて卒業(政治学修士)。メールマガジン「ロシア政治経済ジャーナル」(RPE)を創刊。アメリカや日本のメディアとは全く異なる視点から発信される情報は、高く評価されている。2018年、日本に帰国。
著書に『中国・ロシア同盟がアメリカを滅ぼす日』(草思社)、『隷属国家日本の岐路』(ダイヤモンド社)、『日本人の知らないクレムリン・メソッド』(集英社インターナショナル)、『日本の地政学』『黒化する世界』(育鵬社)などがある。

プーチンはすでに、戦略的には負けている

戦術的勝利が戦略的敗北に変わるとき

2024年5月5日　初版発行

著者　北野幸伯
発行者　佐藤俊彦
発行所　株式会社ワニ・プラス
〒150-8482 東京都渋谷区恵比寿4-4-9 えびす大黒ビル7F
発売元　株式会社ワニブックス
〒150-8482 東京都渋谷区恵比寿4-4-9 えびす大黒ビル
ワニブックスHP　https://www.wani.co.jp
お問い合わせはメールで受け付けております。
HPから「お問い合わせ」にお進みください。
※内容によりましてはお答えできない場合がございます。
装丁　新 昭彦(TwoFish)
DTP　株式会社ビュロー平林
印刷・製本所　中央精版印刷株式会社

Printed in Japan ISBN978-4-8470-7439-4